Stade

NATURA

BIOLOGIE FÜR GYMNASIEN

Lernen lernen

von Irmtraud Beyer

Ernst Klett Verlag
Stuttgart · Düsseldorf · Leipzig

Gedruckt auf Papier aus
chlorfrei gebleichtem Zellstoff,
säurefrei

1. Auflage

A 1 5 4 3 2 1 | 2004 2003 2002 2001 2000

Alle Drucke dieser Auflage können im Unterricht nebeneinander benutzt werden; sie sind untereinander unverändert. Die letzte Zahl bezeichnet das Jahr dieses Druckes.

Internetadresse: http://www.klett-verlag.de

Redaktion: Dr. Angelika Bracht

Druck: Druckhaus Götz GmbH, Ludwigsburg

ISBN 3-12-045104-5

Inhaltsverzeichnis

Projektbausteine

Vorwort

Überfüttert die Schüler nicht mit Fischen,
sondern lehrt sie das Angeln.
(Gregory Bateson)

Das Themenheft „Lernen lernen" versteht sich als ein „Materialangebot", dem Lehrerinnen und Lehrer Anregungen und Hinweise für die konkrete Planung und Durchführung von Projekten zu diesem Themenkreis entnehmen können. Es liefert Projektbausteine, also keine fertigen Projektrezepte. Sie können nicht nur im Biologieunterricht, sondern in verschiedenen Fächern umgesetzt werden. Die Projektideen lassen sich durch die Eigeninitiative der Projektgruppe vielfältig ausbauen.

Die Methode des Projektunterrichts ist ausführlich in dem Grundlagenheft zur Projektplanung (Dalhoff, 1999) dargestellt. Dort werden die grundsätzlichen Strukturen des Projektunterrichts, die Projektformen und deren Organisation beleuchtet. Das Grundlagenheft beschreibt die Öffnung von Schule sowie die Agenda 21 und gibt verschiedene Projektbeispiele. Besondere Abschnitte gelten dem fächerübergreifenden Arbeiten, der Methodenprogression und der Wissenschafts- sowie Handlungsorientierung.

Die Vorstellungen und Einschätzungen der Lehrerinnen und Lehrer hinsichtlich der Projektarbeit in der Schule sind unterschiedlich. Für einige ist es von besonderer Bedeutung, dass Projekte mittelfristig geplant und von einer Gruppe arbeitsteilig durchgeführt werden. Die Gruppe sollte eigene Ideen in die Planung einbringen, deren Realisierung abschätzen und selbstständig in einer meist vom Schulalltag abweichenden Organisationsform arbeiten. Ziel ist ein konkretes Produkt, das durch unterschiedlich qualifizierte „Mitarbeiter" facettenreich gestaltet wird. Mit dem Begriff „Projekt" wird also die Vorstellung von etwas Außergewöhnlichem, etwas Neuem, von Praxisbezug und Produktorientierung verbunden.

Andere sehen in Projekten eher die Chance, als Ergänzung des Fachunterrichtes stärker schüler- und handlungsorientiert, häufig auch fächerübergreifend oder fächerverbindend zu arbeiten. Das Fächerverbindende bekommt im Vergleich zum alltäglichen Unterrricht im Rahmen eines Projektes oft einen besonderen Schwerpunkt.

Wieder andere lehnen Projekte ab, da der organisatorische Aufwand den Ertrag nicht rechtfertigen würde. Bestimmten Schülern falle es im Rahmen eines Projektes leichter, sich auf Kosten engagierter Mitschüler „durchzuschummeln".

Das Themenheft „Lernen lernen" liefert Bausteine für unterschiedliche Projektansätze. Die Projektbausteine lassen sich für Projekttage, Projektwochen oder für einen projektorientierten alltäglichen Unterricht einsetzen. Manche sind produktorientiert, doch die meisten zielen auf ein anderes Ergebnis: Die Projektarbeit kann zu neuen Kompetenzen führen, die schwer messbar und nicht ausstellungsfähig sind. Das große Projekt „Lernen lernen" kann Schülerinnen und Schülern ihr Lern- und Arbeitsverhalten bewusst machen und dieses verbessern.

Noch eine Bemerkung zu den folgenden Texten: Hier gibt es zwecks besserer Lesbarkeit weder das große „I" noch immer wiederkehrende Schülerinnen und Schüler und Lehrerinnen und Lehrer. Es ist selbstverständlich, dass alle Formulierungen auf weibliche und männliche Personen bezogen sind.

Literatur

Dalhoff, B.: Grundlagen des Projektunterrichts; Klett, Stuttgart 1999 (dort findet man zahlreiche weitere Literaturangaben)

Frey, K.: Die Projektmethode, Beltz, Weinheim 1990

Hedewig, R.: Projekte. Themenheft Unterricht Biologie, Heft 188, Oktober 1993

Jüdes, U. & K. Frey: Biologie in Projekten; Aulis, Köln 1993

Klippert, H.: Projektwochen; Beltz, Weinheim/ Basel 1985

Einführung

Begründung des Projekts

In vielen Rahmenplänen der einzelnen Bundesländer oder Fächer ist „Das Lernen lernen“ als verbindlicher Unterrichtsinhalt bereits vorgesehen. Wesentliches Ziel ist es, den Kindern und Jugendlichen zu vermitteln, dass das Lernen selbst erlernbar ist und der Lernprozess selbstständig mitgestaltet werden kann. Lernen soll als sich selbst verstärkender Prozess empfunden werden.

Zunächst scheint „Lernen lernen“ nur eine Wortspielerei oder ein griffiges Schlagwort für Lernmethodik zu sein. Man kann darunter aber auch den Erwerb arbeitsmethodischer und sozialer Fähigkeiten verstehen, der im Zuge neuer biologischer und psychologischer, wissenschaftlicher Erkenntnisse einerseits und einer zunehmenden Reizüberflutung der Jugendlichen andererseits notwendig wird. Besonderer Schwerpunkt ist die Selbstständigkeit. Zusätzlich sollen Schüler auch lernen, im Team zu arbeiten und dies fachlich möglichst effektiv tun.

Den Traumzielen stehen aber sowohl auf Schüler- wie auf Lehrerseite häufig Berge organisatorischer oder personeller Probleme gegenüber. Schule und Lernen sind weitgehend negativ besetzt, stehen in Konkurrenz zu vielfältigen durchaus amüsanteren Medien, können nicht einfach „weggezappt“ werden und treffen auf Computerkids, die weitgehend unterhalten werden wollen. Vor diesem Hintergrund muss neben Methoden, die zum selbstständigen Lernen anregen, auch auf der Motivationsebene eine Veränderung angestrebt werden. Dies kann in einem gewissen Umfang durch neue fachspezifische und allgemeine Lernmethoden, Gedächtnis- und Konzentrationstraining, Anspannungs- und Entspannungstechniken erfolgen, die vielleicht ein positiv besetztes Lehren und Lernen ermöglichen. Das Projektheft will hierzu Anregungen geben. Es liefert kurze Hintergrundinformationen zu den verschiedenen Schwerpunkten und bietet verschiedene Projektbausteine an.

Realisierung in der Schule

Das Thema „Lernen lernen“ ist idealerweise nicht auf den Fachunterricht Biologie beschränkt, sondern ebenso Teil des Unterrichts anderer Fächer. Es bietet leicht realisierbare Möglichkeiten, wirklich fächerverbindend und fächerübergreifend zu arbeiten. Daher sind die Materialien und Projektbausteine dieses Heftes nicht nur auf den Biologieunterricht bezogen, obwohl das Fach zu den Themen Wahrnehmung und Sinnesleistungen, Speicherung und Gedächtnis, Lernen und Verhalten im engeren Sinne sicher die Grundlagen liefert. Das Wissen über Reizaufnahme, Informationsverarbeitung und -speicherung kann helfen, die Entstehung unterschiedlicher Lerntypen, Lerntechniken und Lernzugangsweisen zu erklären und so die bevorzugte Lernform zu finden und zu optimieren. Damit wird der Schüler befähigt, den eigenen Lernprozess zu gestalten, Störfaktoren auszuschalten, sich selbst zu motivieren, Gedächtnis und Merkfähigkeit zu verbessern und damit wiederum größeren Erfolg im Lernprozess zu erzielen.

Biologie ist — ebenso wie Physik oder Chemie — durch seinen experimentellen Charakter in besonderer Weise dazu geeignet, das forschend-entwickelnde, selbstständige Lernen anhand einfacher selbst geplanter Versuche oder Schritte zum Erkenntnisgewinn zu üben und mit dem Entdecken den Spaß am Lernen zu fördern.

Die Projektbausteine oder Materialien können — ausgehend von den Biologie- oder Klassenlehrern — ohne Konferenzmarathon auf verschiedene Fächer verteilt und in den normalen Unterrichtsablauf integriert werden. Eine kurze Absprache aller Fachlehrer einer Klasse, wer welches Teilprojekt und zu welcher Zeit anregt, genügt dann. Die Teilprojekte können auch in gesonderten Stunden in loser Folge eingeplant werden. Besteht dann Zeit und Möglichkeit, einzelne Projekttage zum Thema zu organisieren, lassen sich die weitergehenden Anregungen sicher aufgreifen (Rollenspiele, Gestaltung größerer Infowände, gemeinsame Aktivitäten im Plenum aller Klassen eines Jahrgangs, u.ä.). Damit wird die besondere Stellung des Themas aufgewertet.

Der Idealfall ist die Kooperation zwischen den Lehrern aller Fächer, die mit spezifischen Beiträgen zu den Inhalten und Methoden das Gesamtbild abrunden können. Möglicherweise können auch die Eltern einbezogen und zum Mitmachen motiviert oder Fachleute von außerhalb für Workshops, Vorträge oder für die Arbeit mit den Kindern gewonnen werden.

Methodische Aspekte

Ein wesentlicher Faktor aller Lernvorgänge ist die zugrunde liegende Motivation und die Aufmerksamkeit des Lernenden. Ungewöhnliche Unterrichtsformen können beides steigern. Verschiedene Methoden, die ungewöhnliche Unterrichtsformen unterstützen und die in den Bausteinen immer wieder genannt sind, sollen hier kurz vorgestellt werden:

Moderationsmethode: Sie ist einerseits charakterisiert durch Planungs- und Visualisierungstechniken, die seitens des Moderators ein wenig Übung erfordern. Andererseits fördert sie gruppendynamische Prozesse und individuelles Engagement durch zahlreiche Aktivitäten, für die verschiedene Materialien (Flip-Chart oder Papierrollen, Pinwände, Stifte, Farbpapiere und Klebepunkte) bereitgestellt werden. Benötigt wird ein durchdachter Fahrplan zu folgenden Phasen: Begrüßung, Kennenlernen, Anwärmen, Orientierung auf das Thema, klarer Ablaufplan, die Erarbeitungsphase in Kleingruppen, daraus die Präsentation und Bewertung der Ergebnisse und das Abrunden zum Abschluss mit einer positiven Feedback-Wirkung. Die Moderationsmethode (komplexes Beispiel S. 47) kann prinzipiell in jeder Schulstunde und jedem Fach zunächst an weniger umfassenden Themen geübt werden.

Spinnwebverfahren: Dies ist in zwei Formen denkbar. Ähnlich dem Radnetz der Spinnen werden Speichen und Kreise zu einer Ist-Soll-Analyse benutzt. Auf den Speichen sind dann verschiedene Faktoren aufgetragen, die zum Beispiel von innen nach außen mit einer Bewertung von 1 (trifft nicht zu) bis 6 (trifft voll zu) versehen sind. Das Ergebnis der Ist-Analyse motiviert dazu, eine Zielvorstellung zu entwickeln, sodass ein möglichst rundes Rad herauskommt. In einer weiteren Form kann das Spinnennetz im Zentrum ein Problem beschreiben, im nächsten Kreis die beteiligten Faktoren oder Personen, der nachfolgende Kreis beschreibt deren Auswirkungen oder Verhaltensweisen und der äußere Kreis gibt Lösungsvorschläge. Bei einer Mehrfaktoren- oder Gruppenanalyse wird ein solches Bild dann prozessbegleitend — meist zu der Moderationsmethode — entwickelt.

Mindmaps und Ideenbäume: Sie stehen hier stellvertretend für verschiedene Visualisierungsmethoden, die gewährleisten, dass jeder Teilnehmer einer Arbeitsgruppe sich in der Planung eines Projekts wiederfindet. Begriffe oder Sachverhalte, die zum Projektthema gehören, werden auf Notizzetteln festgehalten, diese an der Tafel oder Pinnwand nach übergeordneten Gesichtspunkten sortiert, in erste Verzweigungen des Mindmaps oder größere Äste und Blätter des Ideenbaums eingetragen und durch weitere Verzweigungen oder Vernetzungen ergänzt.

Karussell-Gespräch: Schüler sitzen sich paarweise in einem inneren und einem äußeren Kreis gegenüber. In einer ersten Runde stellen alle Personen im Innenkreis den Zuhörern im Außenkreis etwas dar. Dies kann sein: eine Zusammenfassung zu einem Thema, eine Geschichte in einer Fremdsprache, die Meinung zu einem Text oder ihre eigene Lernmethode zur Vorbereitung der Klassenarbeit ... Die Zuhörer im Außenkreis machen sich bei Bedarf Notizen und üben das „aktive Zuhören" (s. Seite 20). Nach einer bestimmten Zeit rücken alle Schüler im Innenkreis im Uhrzeigersinn zwei Stühle weiter. In den neuen Gesprächspaaren müssen jetzt die Personen des Außenkreises berichten und die Zuhörer im Innenkreis machen sich Notizen. Je nach Gesprächsbedarf kann sich das Karussell weiterdrehen.

Karikaturenrallye: Für Kleingruppen werden verdeckt ausgehängte Karikaturen an Stationen im Raum aufgehängt und die Schüler mit entsprechenden Aufträgen (Auf welches Problem will der Karikaturist aufmerksam machen? Wie sehen die Gruppenmitglieder das Problem? Wie könnte man das Problem beseitigen? ...) losgeschickt.

Schreibgespräche: Karikaturen oder provokante Texte können auch Anlass für ein Schreibgespräch sein.

Lernspiele: Zu zahlreichen Themen gibt es bereits Rätsel, Fehlersuchbilder, Fehlersuchtexte oder umfangreichere Würfel-, Karten- oder Bastelspiele. Sie haben selbstmotivierenden Charakter und vermitteln meist größere Lernfortschritte durch direkte Bestätigung oder Korrektur.

Talkshow mit Ausstellung: Zu einem bestimmten Thema werden Plakate vorbereitet und vor dieser Kulisse Gespräche ähnlich denen seriöser Fernsehsendungen geführt (max. 15 min). Die Mitglieder jeder Gruppe übernehmen unterschiedliche Rollen, die Talkshow kann gefilmt und dies für ein Feedback genutzt werden.

Ähnlich kann das **Konferenzspiel** (s. Seite 26) eingesetzt werden.

Lernen an Stationen fördert die Motivation und Selbstständigkeit der Schüler, intensiviert die Teamfähigkeit und festigt Wissen oft besser als lehrerzentrierter Unterricht. Dazu müssen bestimmte thematische und räumliche Voraussetzungen geschaffen und in der Gruppe gemeinsame Regeln erarbeitet und eingeübt werden. So sollten inhaltlich die wichtigsten Begriffe erarbeitet sein. Im Raum muss es möglich sein, an verschiedenen Orten Material und Experimente anzubieten. Dabei sollten die Experimente an den einzelnen Stationen unkompliziert sein und es sollte stets eine Station mehr geben als es Arbeitsgruppen gibt *(Pufferfunktion)*. Um die Übersicht zu behalten, ist ein Stationsplan mit den Themen der Stationen (z. B. auf Folie) und ein Laufzettel für die Gruppen als Kopie geeignet. Da jede Gruppe eine erste Station hat, kann sie zu dieser stets eine besonders ausführliche Beschreibung machen. Damit ergibt sich dann in der Abschlussbesprechung ein guter Überblick. Die Lernform erfordert unter Umständen ein hohes Maß an Kommunikation und Aggressionskontrolle, aber auch, dass man sich gegenseitig hilft. In Vorgesprächen kann mit der gesamten Lerngruppe zunächst erarbeitet werden,

- was das Besondere in einem Lernzirkel ist (betrifft sowohl Inhalt wie Ablauf);
- welche Verhaltensformen erwünscht oder unerwünscht sind;
- wie die „Produkte" der zeitlich aufwändigen Arbeit am besten vorgestellt werden sollen;
- welche Ziele sich jeder selbst setzt usw.

Tutorensystem: Viele Schüler kennen selbstständiges Arbeiten bereits aus der freien Arbeit in der Grundschule, einige müssen erst behutsam an diese Lernform – besonders in den meist großen Klassen – herangeführt werden. In den Arbeitsgruppen finden sich immer Kinder beider Extreme zusammen. Solche, die bereits Erfahrung mit dieser Lernform haben *(Tutoren)* helfen den anderen. Dies kann sich auch auf klassen- oder jahrgangsübergreifende Projekte ausdehnen. Beispiel: Alle Schülergruppen des Jahrgangs 6 werden an einem Waldtag von Schülern aus dem Jahrgang 10 begleitet.

Arbeit mit dem Projektheft

Die Einzelaspekte sind im Sinne der oben beschriebenen Realisierung in Bausteine aufgeteilt, die bei Bedarf in größere Gruppen geordnet werden können. So lassen sich die Bausteine 1 bis 7 der allgemeinen „Arbeitsmethodik" zuordnen, zu deren Realisierung z. B. auch Fachkräfte der örtlichen Volkshochschulen hinzugezogen werden können. Die Bausteine 8 bis 14 beschäftigen sich im Wesentlichen mit „inneren Faktoren", während im Baustein 15 „soziale Faktoren" berücksichtigt werden.

Im Einzelnen enthalten die verschiedenen Projektbausteine

- in der Einführung entweder eine kurze Sammlung theoretischer Gesichtspunkte oder einen Überblick zu den verschiedenen Problemen eines Projektteils. Die Einübung ist jeweils als Überblick für den Lehrer gedacht, kann aber zum Teil auch als Informationsmaterial für eine Diskussionsrunde kopiert werden.
- Im Weiteren sind Vorschläge zu konkreten Aktivitäten mit einem grauen Balken ausgezeichnet. Auf sie wird mit einem Symbol (▶) verwiesen.
- Direkt kopierbare Sachinformationen für Schüler befinden sich in einfach umrandeten Kästchen, Ideenbeispiele für Einzelaspekte auf Pinwandkärtchen.
- Für wenige Bausteine gibt es fertige Arbeitsblätter, die Vorlage für die Gestaltung des eigenen Materials sein können.
- Verstreut kommen Impulse für Gesprächsrunden und selbstständige Aktivitäten der Schüler in Form von Grafiken und Sprüchen vor.
- Jeder Baustein enthält direkt auf das Thema bezogene Literaturangaben, die Planung und Ausgestaltung erleichtern.

Literatur

BAUER, R.: Schülergerechtes Arbeiten in der Sekundarstufe I: Lernen an Stationen; Cornelsen scriptor; Berlin 1997 (Darin findet man als Beispiele auch einige Planungen für mathematische oder biologische Lernzirkel.)

MAYER, W. G.: Freie Arbeit in der Primarstufe und in der Sekundarstufe bis zum Abitur; Agentur Dieck, Heinsberg 1992 (Hier werden wertvolle Tipps zum Ablauf und zur Kontrolle freier Arbeit gegeben.)

Zahlreiche Hinweise zu ausgearbeiteten Unterrichtseinheiten findet man über die „Datenbank Schulpraxis" (Literaturnachweise für Schule und Unterricht), Landesinstitut für Schule und Weiterbildung, Paradieser Weg 64, 59494 Soest

Projektbausteine

1 Wie lerne ich?

Kommen Kinder in die weiterführende Schule, haben sie eine etwa zehnjährige Lernerfahrung. Insbesondere in der vierten Klasse der Grundschule wurden bereits schulische Lerntechniken eingeübt. Eine in der Lehrerausbildung mehrfach wiederholte Maxime ist, die Kinder dort abzuholen, wo sie stehen und ihnen nichts „überzustülpen“.

Im ersten Projektbaustein können die Teilnehmer ihr eigenes Lernverhalten überprüfen und aus dem Ist-Zustand einen Soll-Zustand ableiten. Die Erkundung der Lernausgangslage betrifft sowohl das allgemeine Lernverhalten, wie auch die individuell genutzten „Sinneskanäle“ in verschiedenen Lernsituationen sowie die Lerntechniken. *(→ Projektbausteine 3, 4).*
Je nach Schwerpunkt kann man auswählen zwischen Tests zum allgemeinen Lernverhalten ► *Bestandsaufnahme: Wie ich lerne* und klassischen ► *Lerntypentests* im Sinne von VESTER.

Diese Selbsterkundung liefert aber auch erste bewusste Einblicke in die Konzentrationsfähigkeit *(→ Projektbaustein 12)*, die Motivation *(→ Projektbaustein 8)*, die Entspannungsfähigkeit *(→ Projektbaustein 13)*, die Kreativität *(→ Projektbaustein 14)* und die sozialen Bedingungen des Lernens *(→ Projektbaustein 15).*

So können Inhalte weiterer möglicher Projektbausteine angerissen werden. Die Projektgruppe kann auswählen, was sie besonders interessiert, weitere Projektziele selbst definieren und zusammenstellen. Dieser erste Projektbaustein kann einen Bogen über das Gesamtprojekt spannen.

i ► Erfassung der Lernausgangslage

Die Erfassung der Lernausgangslage kann z. B. in einer einführenden Diskussionsrunde unter Nutzung der Moderationsmethode durch die Lehrperson erfolgen. Denkbar ist auch ein Brainstorming zu bestimmten Fachbegriffen, ein einfaches Experiment oder die selbstständige Bearbeitung eines neugierig machenden Problems mit anschließender Reflexion über die eingesetzten Mittel und Wege.

i ► Befragung zum Lernverhalten

Eine gewisse Distanz und eine höhere Motivation wird durch ein „Projekt im Projekt“ erreicht, wenn Schüler z. B. für eine „Befragung zum Lernverhalten“ den Fragenkatalog selbst entwickeln und diese Umfrage in einem meist unter der eigenen Altersstufe liegenden Jahrgang durchführen. Dazu könnten, wie im Beispiel unten, Einschätzungen aufgelistet und bewertet werden.

Komponenten des Lernverhaltens

Zur Selbsteinschätzung
- Ich vergleiche mich mit anderen. Das sagt mir, wie viel ich noch tun muss.
- Für mich ist nur wichtig, was andere von mir halten.

Motivation und Konzentration
- Ich mache nicht nur das, was ich gerade tun muss, sondern stets ein bisschen mehr.
- Wenn ich ein Problem habe, bleibe ich so lange daran, bis es gelöst ist.

Lernmethoden
- Ob ich eine Sache besser behalte, wenn ich sie geschrieben, gelesen, gehört oder gesehen habe, entdecke ich nur durch Zufall.
- Wenn ich einmal eine gute Lernmethode gefunden habe, bleibe ich immer dabei.

Klassenarbeiten
- Ein gut durchdachter Spickzettel ist die beste Vorbereitung einer Arbeit.
- Die Vorbereitung für eine Arbeit darf ich nicht erst kurz vorher beginnen.

Mündliche Mitarbeit
- Wer im Unterricht ständig fragt, zeigt nur, dass er keine Ahnung hat.
- Bevor ich etwas sage, überlege ich immer, was die anderen davon halten.

Die Anderen und ich
- Gute Leistungen sollten immer mit viel Lob und Anerkennung belohnt werden.
- Wenn etwas schief gegangen ist, suche ich den Fehler zuerst bei mir.

i ▶ Bestandsaufnahme: Wie ich lerne

Von W. ENDRES (1993) wurde der Test „Wie ich lerne" zu den verschiedenen Aspekten echter Lernschwierigkeiten entwickelt; der Test wurde mehrfach optimiert. Mit ihm können Schüler feststellen,
- ob sie die bisher gewohnten Lernmethoden als erfolgreich ansehen und beibehalten sollen,
- ob das Vermitteln von allgemeinen Lerntipps überhaupt helfen wird (den betroffenen Schülern sollte dann ein individuelles Angebot gemacht werden),
- dass Methodentraining, Gedächtnis- und Konzentrationsförderung und die anderen aus dem Test gewonnenen Anregungen die Lernsituation deutlich verbessern könnten.

Bei der Anwendung des Tests sollte auf das Alter der Schüler geachtet werden. In der Jahrgangsstufe 5/6 sind manche Formulierungen erklärungsbedürftig. So wissen einige Kinder nicht, was man unter der „Gliederung eines Aufsatzes" versteht oder wie Notizzettel im Unterricht verwendet werden.

Der Anriss zeigt Aussagen dieses Tests, wie Schüler sie auch selbst im Brainstorming aufstellen könnten. Zur Zeitplanung: Test und Auswertung benötigen etwa eine Doppelstunde. Zur Durchführung dieses Tests siehe auch: Gewusst wie — Bewährte Lerntipps für Schülerinnen und Schüler ab Klasse 5. Sparkassen-Schulservice 9/1996

Fragebogen „Wie ich lerne"

Zu jeder Feststellung bitte ehrlich antworten und nur ein Feld ankreuzen.

Ich habe Schwierigkeiten, mit den Hausaufgaben anzufangen.	immer	meistens	selten	nie
Das zeigt sich in Ablenkungen wie Spielen, Lesen, Musik hören.	oft	manchmal	kaum	fast nie
Ich erreiche bei den Hausaufgaben das, was ich mir für diese Zeit vorgenommen habe.	nie	selten	häufig	meistens
Mündliche Aufgaben erledige ich am Schluss.	immer	meistens	ab und zu	selten
In welcher Reihenfolge ich die Hausaufgaben erledige, überlasse ich dem Zufall.	immer	meistens	selten	nie
Der Zeitdruck bei Klassenarbeiten macht mir zu schaffen.	sehr	gelegentlich	kaum	nie
Am Tag vor der Klassenarbeit lerne ich ...	besonders viel	etwas mehr als sonst	gezielter	genau wie sonst
Meine Schwächen in den einzelnen Fächern kenne ich ...	nicht	ungefähr	ziemlich genau	ganz genau
Vor Klassenarbeiten habe ich Angst.	immer	meistens	manchmal	ganz selten
Bei Klassenarbeiten habe ich Dinge vergessen, die ich vorher genau gekonnt habe.	fast regelmäßig	kommt oft vor	gelegentlich	nein
Einen festen Arbeitsplatz habe ich ...	nie	manchmal	meistens	immer
Ich werde am Arbeitsplatz gestört.	regelmäßig	sehr oft	häufig	ganz selten
Meine Notizzettel sind ...	wertlos	kaum lesbar	gut lesbar	brauchbar
Bei bestimmten Aufgaben benutze ich eine Bibliothek, suche nach Texten oder Zeitungsartikeln zum verlangten Thema.	nie	ganz selten	manchmal	häufi
Beim Deutschaufsatz verfehle ich das Thema ...	fast immer	sehr oft	ma	

i ▶ Lerntypentest (Seite 10/11)

Mit diesen Tests können die Teilnehmer feststellen, welchen „Eingangskanal" (z. B. Hören, Sehen, Riechen, Tasten) sie bevorzugt beim Lernen nutzen. Obwohl in vielerlei Abwandlungen erschienen, gehen diese Tests auf das inzwischen in der 22. Auflage herausgegebene Buch „Denken, Lernen, Vergessen" von FREDERIC VESTER zurück, das erstmals 1975 erschien. Trotz anhaltender Popularität gibt es auch kritische Stimmen zum Testen der „Grundmuster des Wahrnehmens und Verarbeitens" (siehe Kasten unten).

Im Rahmen des Projekts können die Tests dazu dienen, den Schülern die unterschiedlichen Wahrnehmungsmuster bewusst zu machen und sie – je nach den eigenen Fähigkeiten – für die verschiedenartigen Wiederholungen, die stets für ein und denselben Stoff notwendig sind – einzusetzen.

Beispiel: Beim ersten Erarbeiten werden wesentliche Inhalte schriftlich festgehalten. Der Text wird beim zweiten Durchgehen auf Band gesprochen und beim dritten Mal abgehört oder mit Anschauungsmaterial versehen.

Für jüngere Schüler eignet sich eher der „einfache Lerntypentest". Ältere Schüler können den umfangreichen Lerntypentest auch im Rahmen der Behandlung sinnesphysiologischer oder neurobiologischer Themen durchführen und kritisch hinterfragen. Die Lerntypentests lassen sich auch mit einem „Arbeiten an Stationen" verbinden.

Kritik am Lerntypentest

„Was lernt jemand, der versucht, einen Nagel in die Wand zu schlagen?" Wohl nicht im Sinne von VESTER, dass „Druck = Kraft : Fläche" ist. MAIKE LOOß (1997) zeigt an diesem Beispiel, dass man die Vester'sche Lerntheorie kaum so wörtlich nehmen darf, wie manche Anhänger des ganzheitlichen Lernens es tun. Allein das Feststellen und Ausnutzen des persönlichen Eingangskanals kann nicht automatisch zum besseren Verständnis und optimalen Behalten führen. Gute Lernleistungen sollten nicht mit möglichst umfangreichem Eintrichtern verwechselt werden und sie entstehen sicherlich nicht automatisch, wenn jeder alles gesehen, gehört, getastet, gefühlt, gerochen, geschmeckt, erlebt und erfahren hat.

Einfacher Lerntypentest

Stelle dir die folgenden Lernsituationen vor und schätze ab, wie viel du unter solchen Bedingungen jeweils behalten würdest. Bewerte mit 3 Punkten für „viel", 2 Punkte für „einiges" und 1 Punkt für „wenig".

1) Der Lehrer oder die Lehrerin erklärt, wie ein Delfin schwimmt. ① ② ③
2) Ich schaue mir Fotos im Biologiebuch an. ① ② ③
3) Ich zeichne und beschrifte ein Schema zum Aufbau des menschlichen Ohres. ① ② ③
4) Ich schreibe Fachbegriffe auf eine kleine Karteikarte und die Erklärung auf die Rückseite. ① ② ③
5) Wir sehen im Biologieunterricht einen Film über die Fortbewegungsweisen der Pferde. ① ② ③
6) Ich erstelle in einem Versuch einen Fingerabdruck und untersuche die Hautleisten. ① ② ③
7) ...

Zur Auswertung werden die Punkte für die einzelnen Lerntypen zusammengezählt. Zum optisch/visuellen Lerntyp gehören z. B. Fragen wie 2 oder 5, zum auditiven Typ Fragen wie 1 und zum handelnden Typ Fragen wie 3, 4 oder 6. Hat ein Schüler bei einem Lerntyp besonders viele Punkte erreicht, so kann er diesen Weg in Zukunft zum Lernen besonders gut nutzen.

Ausführliche Tests dieser Art z. B. in KLIPPERT, H.: Methodentraining. Beltz, Weinheim 1996 für Biologie im Lehrerhandbuch zu Natura 5/6, Klett, Stuttgart 2000

Literatur

ENDRES, W.: So macht lernen Spaß. Beltz, Weinheim 1993

ENDRES, W. & ALTHOFF, D.: Das Anti-Pauk-Buch. Beltz, Weinheim 1991

KLIPPERT, H.: Methodentraining. Beltz, Weinheim 1996

LOOß, M.: Man lernt, was Schmerz ist. Päd. Forum 2/97

VESTER, F.: Denken, Lernen, Vergessen, DVA, Stuttgart 1995

Umfangreicher Lerntypentest

Je zwei Schüler bilden ein Team, in dem der eine der Versuchsleiter, der andere die Versuchsperson ist. Benutzt wird eine Uhr mit Sekundenangaben. Die vier unterschiedlichen Stationen sind mit Lesen, Hören, Sehen und Begreifen markiert. Die Stationen werden angelaufen, wenn dort Plätze frei sind. Nach jedem Versuch stellt der Versuchsleiter 20 Kopfrechenaufgaben aus einer selbst erstellten Rechenbox. Anschließend schreibt die Testperson die Bezeichnungen der Gegenstände oder Begriffe auf, die sie behalten hat. Sie hat dafür 40 s Zeit. Die Anzahl der Begriffe, an die sich die Testperson erinnern konnte, wird auf der jeweils vorgesehenen Achse des Kreuzes (s. unten) markiert.

Lesen

1. Versuch
10 einzelne **Karteikarten** (DIN A7) sind mit je einem Begriff beschriftet: Hose, Mehl, Mantel, Hamster, Stuhl, Schüssel, Videospiel, Elefant, Zucker, Schrank.

Der Versuchsleiter legt der Versuchsperson aus Kasten 1 nacheinander die Begriffskarten zum Lesen für je 3 s vor.

Hören

2. Versuch
Dort liegt eine **Liste** mit 10 Begriffen: Auto, Fahrrad, Ball, Katze, Schuhe, Tuch, Hund, Reis, Tor, Suppe.

Der Versuchsleiter liest der Versuchsperson langsam und deutlich die Begriffe vor, die auf der Liste stehen (pro Begriff etwa 3 s).

Sehen

3. Versuch
Hier gibt es 10 verschiedene **Gegenstände** in einem Kasten: Spitzer, Prospekt, Kuli, Holzstab, Schlüsselanhänger, Objektträger, Streichholz, Kartoffel, Zitrone, Buch.

Der Versuchsleiter zeigt der Versuchsperson im Abstand von 3 s die Gegenstände aus Kasten 3 und legt sie wieder zurück.

Begreifen

4. Versuch
Hier sind ein Schal und ein Kasten mit 10 weiteren **Gegenständen**: Radiergummi, Zeitung, Bleistift, Lineal, Schlüssel, Karteikarte, Löffel, Nuss, Zwiebel, Streichholzschachtel.

Der Versuchsleiter verbindet der Versuchsperson mit einem Schal die Augen und gibt ihr nacheinander die Gegenstände aus dem Kasten für jeweils 3 s in die Hand.

Rechenbox
(Für den Versuchsleiter sind die Ergebnisse vorgegeben!)

27 − 13 = 14	14 + 11 = 25	46 − 23 = 23	4 x 8 = 32
3 x 7 = 21	2 + 17 = 19	99 − 13 = 86	4 x 4 = 16
3 + 8 = 11	33 − 20 = 13	18 : 6 = 3	72 : 8 = 9
10 + 5 = 15	8 + 7 = 15	5 x 4 = 20	8 : 2 = 4
3 : 3 = 1	1 + 6 = 7	2 x 10 = 20	6 x 7 = 42
9 + 3 = 12	15 − 9 = 6	5 x 5 = 25	35 − 6 = 29
4 − 3 = 1	4 x 2 = 8	23 − 7 = 16	8 + 5 = 13
35 − 15 = 20	17 + 4 = 21	42 : 7 = 6	6 x 9 = 54
7 x 8 = 56	25 : 5 = 5	7 x 4 = 28	6 x 10 = 60
10 − 5 = 5	23 + 17 = 40	40 : 8 = 5	20 : 5 = 4
56 − 9 = 47	81 − 9 = 72	65 : 5 = 13	13 − 5 = 8
7 x 5 = 35	27 + 26 = 53	30 + 15 = 45	30 : 6 = 5
25 x 3 = 75	8 + 9 = 17	15 + 12 = 27	34 : 2 = 17
7 x 7 = 49	48 : 2 = 24	46 − 10 = 36	36 − 12 = 24
9 x 7 = 63	66 : 11 = 6	47 − 20 = 27	35 : 5 = 7
23 x 2 = 46	44 − 12 = 32	31 + 10 = 41	75 : 25 = 3
4 x 9 = 36	20 x 3 = 60	14 + 14 = 28	8 x 8 = 64
5 + 17 = 22	32 − 17 = 15	42 − 17 = 25	8 + 9 = 17
14 : 2 = 7	4 : 2 = 2	9 x 5 = 45	1 + 7 = 8
2 : 2 = 1	6 x 6 = 36	48 : 3 = 16	3 x 9 = 27
40 − 5 = 35	8 x 11 = 88	50 : 2 = 25	10 x 3 = 30
24 : 12 = 2	16 x 2 = 32	9 x 9 = 81	10 : 5 = 2

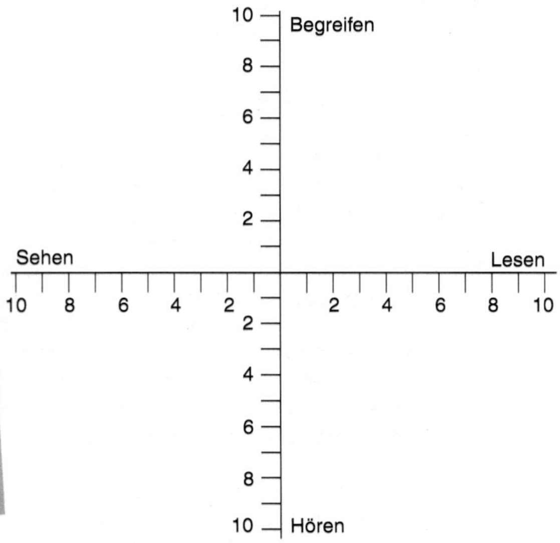

2 Arbeitsplatz

Unbewusst lernt jeder von uns zahlreiche Details der Umgebung ständig mit. Außerdem reagieren viele Menschen sehr stark auf eine gewohnte Umgebung. Das sind zwei Gründe dafür, dass der Arbeitsplatz folgende Bedingungen erfüllen sollte:

- Er sollte frei von ablenkenden Gegenständen wie Spielzeug sein.
- Er sollte ausschließlich zum Arbeiten benutzt werden, um andere Assoziationen zu vermeiden.
- Der Arbeitsplatz muss kein teurer Schreibtisch in einem riesigen eigenen Zimmer sein. Eine einfache Platte mit einem Regal, ein bequemer Stuhl oder ein Sitzball in der richtigen Sitzhöhe und eine für den Links- oder Rechtshänder optimale Beleuchtung ergeben an einem festen Platz in der Wohnung bereits die genannten Voraussetzungen.
- Die Arbeitsmittel sollten gut erreichbar und funktionsfähig sein.
- Man sollte jeden Tag gewohnheitsmäßig am gleichen Arbeitsplatz arbeiten.

Einstiegsgeschichte
Auf Meikes Schreibtisch stehen zahlreiche Farbtöpfchen, im Rahmen trocknet das Seidentuch. Die Entwürfe für die neuen Motive stapeln sich auf dem Stuhl. Irgendwo versteckt liegen auch noch die ausgeliehenen CD's, die sie jetzt gerne hören möchte. Meike geht schließlich ins Wohnzimmer, um ihre Hausaufgaben zu machen. Dort will aber gerade der kleine Bruder an seiner Legoburg weiterbauen.

i ► Schreibgespräch: Mein Arbeitsplatz

Mit Karikaturen oder Sprüchen lassen sich Schreibgespräche initiieren. Die Teilnehmer bilden kleine Gruppen (maximal 4 bis 5 Personen) und haben Haftzettel und Filzstifte. Jeder schreibt deutlich lesbar auf verschiedene Zettel die Dinge auf, die nach seiner Meinung an einem Arbeitsplatz vorhanden sein sollten. Die Gruppe teilt eine Plakatwand nach Kategorien wie „notwendig", „kann da sein", „lenkt nur ab", „braucht man nie" ein und sortiert die Zettel dann entsprechend auf der Plakatwand.

Es wird deutlich, dass jeder zwar unter einem „anregenden" Arbeitsplatz etwas anderes versteht, aber trotzdem ein Konsens zu den Grundprinzipien existiert.

i ► Visualisierungen

- Karikaturen von chaotischen Arbeitsplätzen
- nachgebauter Arbeitsplatz im Klassenraum
- Collage zum Arbeitsplatz im Kunstunterricht

Wer Ordnung hält, ist nur zu faul zum Suchen.

Gelernt wird nur am Arbeitsplatz – am Arbeitsplatz wird nur gelernt.

3 Hausaufgaben

Hausaufgaben sollten den Lernprozess unterstützen. Dazu muss ihre Bearbeitung methodisch sinnvoll strukturiert werden und Erfolgserlebnisse verschaffen. Zur Strukturierung gehört eine gute Zeitplanung, die Aufteilung in kleinere Portionen, das Wissen um den „Lohn der Pausen“ und die Kenntnis über die gegenseitige Beeinflussung ähnlicher Themen und Methoden (▶ *Lerntipps* Seite 19).

Ein Hausaufgabenheft zu führen, kann manchen Schülern die Zeiteinteilung erleichtern. Zu beachten ist: Die Hausaufgaben sollten nicht an dem Tag eingetragen werden, an dem sie aufgegeben wurden, sondern zur nächsten Stunde in dem betreffenden Fach. So behält man leichter den Überblick, was noch für jeden folgenden Tag zu machen ist.

Angesichts steigender „Nachmittagsverplanung“ muss jeder Schüler ein eigenes Time-Management finden. Hilfe bietet ein Wochenplan, in dem alle Aktivitäten eingetragen werden. Alles, was erledigt ist, wird abgehakt. Am Ende der Woche lässt sich so überprüfen, ob die Zeitplanung gut war oder ob etwas geändert werden sollte.

i ▶ Pausenplan an der Wäscheleine

Forscher haben herausgefunden, dass man nach dem Essen erst einmal eine Erholungsphase braucht, bevor man eine anstrengende geistige Tätigkeit erfolgreich beginnen kann. Diese Pause dauert etwa eine halbe Stunde.

Die Pausenplanung lässt sich veranschaulichen: Eine 12 m lange Wäscheleine ist in Meterabständen markiert. Mit Klammern sind Kärtchen zu den Tageszeiten angebracht.
Die Schnur wird auf den Boden gelegt und die Kinder stellen sich zu den Uhrzeiten, an denen sie am besten arbeiten können. Dabei kann die Frage allgemein gestellt sein oder nach schriftlich oder mündlich (z. B. Vokabeln lernen) differenziert sein. Damit erhalten Kinder, die keine eigene Zeitplanung haben, bereits erste Signale.

i ▶ Individueller Hausaufgabeneinstieg

Jedes Kind schreibt einen Satz zu seinem individuellen Hausaufgabeneinstieg möglichst groß und deutlich auf ein DIN A4-Blatt. Die Beiträge werden an der Tafel mit Tesakreppband angeklebt und nach Ähnlichkeiten geordnet. Die Diskussion dazu kann bereits individuelle Hilfen geben.

Schüler erfinden Geschichten oder Schüler bewerten vorgegebene Geschichten ähnlich dem Jenny-Sandra-Mike-Beispiel.

Beispielgeschichten: Jenny — Sandra — Mike

Jenny hat gerade das Mittagessen beendet. Schnell geht sie in ihr Zimmer. Ein riesiger Berg Hausaufgaben liegt vor ihr. Schon nach kurzer Zeit döst sie vor sich hin. Ihre Mutter ruft: „Du könntest schon längst zum Spielen gehen! Wenn du endlich einmal richtig arbeiten würdest!“

Sandra geht nach dem Mittagessen erst einmal mit dem Hund spazieren. Bei den Hausaufgaben beginnt sie mit solchen, die ihr besonders leicht fallen. Sind schriftliche und mündliche Aufgaben zu machen, teilt sie sich ihre Arbeitszeit so ein, dass auf Schriftliches wieder Mündliches folgt usw.

Mike geht nach dem Essen immer auf den Sportplatz. Viele seiner Freunde machen das genauso. Da finden sich immer genügend Leute zum Kicken. Schriftliche Hausaufgaben macht er meist schnell kurz vor dem Abendessen. Das Mündliche erledigt er immer im Bett bevor er einschläft.

i ► Lernkartei

Ständiges „Wiederlesen und Nachbeten" aus dem Heft oder Buch ist nicht nur demotivierend und zeitraubend, es verankert auch wenig im Gedächtnis und viel Unnötiges wird wieder mitgelernt. Müssen schwierige Fachbegriffe, Vokabeln in der Fremdsprache oder Jahreszahlen in Geschichte gelernt werden, kann die Lernkartei eine organisatorische Hilfe darstellen. Auf die Vorderseite der Kärtchen wird z. B. der Fachbegriff, auf die Rückseite eine kurze Erläuterung in eigenen Worten geschrieben. Alle neuen Karten kommen ins erste Fach; dessen Inhalt wird täglich wiederholt. Weiß man schon ohne umzudrehen, was auf der Rückseite steht, wandert das Kärtchen weiter. Alle Karten aus Fach 2 bis 5 wandern erst weiter, wenn dort kein Platz mehr ist. Harte Brocken bleiben in Fach 1 und Vergessenes geht dorthin zurück. Neue Karten werden erst dann geschrieben, wenn in Fach 1 genügend Platz ist. Mit der Lernkartei lässt sich der eigene Fortschritt stets beobachten, die Aufteilung in kleine Portionen ergibt sich automatisch und bei richtiger Führung der Kärtchen wird auch nur der eigentliche Lernstoff gelernt. Die fünf Fächer, von LEITNER als eine Art „geistiger Verdauungskanal mit fünf verschieden großen Mägen" bezeichnet, belohnen auch optisch, wenn der große Kartenberg bereits „verdaut" ist. Den Kasten mit 5 verschieden großen Fächern kann man entweder aus fester Pappe selbst herstellen und mit DIN A7-Karteikärtchen bestücken oder bestellen, z. B. bei AOL Verlag, Waldstraße 13, 77839 Lichtenau.

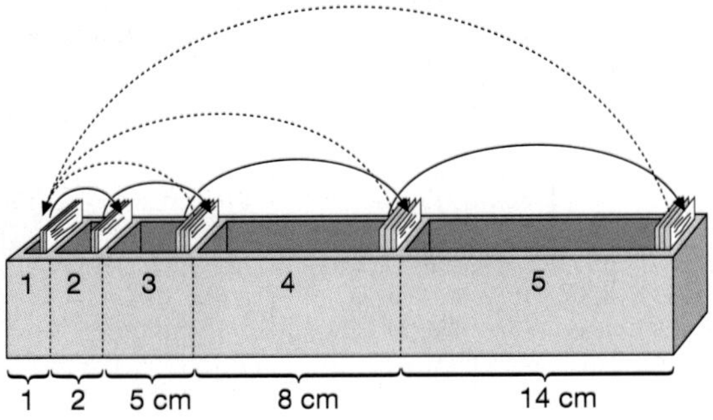

i ► Pinnwand: Probleme und Abhilfe

Mit älteren Schülern können Probleme und Lösungsansätze auf Kärtchen gesammelt, präsentiert und bewertet werden.

Probleme	Abhilfe
Ungeliebte Aufgaben werden aufgeschoben; Folge: schlechtes Gewissen.	Selbstmotivation (z. B. wenn ich Mathe erledigt habe, kann ich ..)
Durch Aufschieben oder besondere Umstände entstehen Hausaufgabenberge, vor denen der Einzelne dann kapituliert.	Berge in kleinere Portionen von etwa 20 Minuten Dauer einteilen, auf Zettelchen schreiben, an die Pinnwand heften. Immer, wenn eine Portion erledigt ist, landet der Zettel im Papierkorb.
Die Reihenfolge der Hausaufgaben erfolgt zufällig und ungeplant; dadurch entstehen Wechselwirkungen, Ermüdungen und unnötige Lernhürden.	„Ähnlich gelernt ist dämlich gelernt!" Mündliches und Schriftliches, Leichtes und Schweres, Fächer und Pausen sollten sich abwechseln.
Ohne Kenntnis des Biorhythmus fangen viele sofort nach dem Mittagessen mit schwierigsten Aufgaben an.	Die durchschnittliche Leistungskurve steigt nach einem ersten Hoch zwischen 8 und 11 Uhr und einem Nachmittagstief (ca. 14 Uhr) dann zwischen 16 und 19 Uhr wieder an. Individuelle Unterschiede!
Wird kein Hausaufgabenheft geführt, werden Teile der Aufgaben vergessen; Arbeitsblätter sind verschwunden; das Buch ist gerade nicht greifbar.	Ein Hausaufgabenheft hilft, den Überblick zu behalten; Arbeitsblätter kann man immer einheften; Schultasche packen will geübt sein.
Durch zu viele Freizeitaktivitäten wird die Hausaufgabenzeit eingeengt.	Terminkalender führen, Tagespläne aufschreiben und dabei von vornherein ausreichend Zeit für die Hausaufgaben einplanen.

▶ Rollenspiel (nach MALYCHA, A. et al. 1997/98)

Zeit	Der Erzähler liest vor, was die beiden Kinder tun.		Der fleißige Helfer	
	Michael	Marius		
14.00	Er hat riesig viel gegessen, ist müde und legt sich hin; er zappt im Fernsehprogramm und findet einen Film.	Er schaut ins Aufgabenheft und teilt sich seine Hausaufgaben ein, macht zuerst Englisch, dann Mathe und will das Gedicht am Abend lernen.	Er packt einen Tennisball in den Rucksack von Michael.	Er packt den größten Teil der Bücher, die Marius trägt, in den Rucksack.
16.00	Daniel ruft an: Alle treffen sich zum Fußballspielen.		Er packt zusätzlich einen Handball in den Rucksack von Michael.	
18.00	Er muss dringend noch die neuesten Tricks im Computerspiel ausprobieren.	Er lernt das Gedicht und probiert dann noch die neuesten Tricks im Computerspiel.	Er packt zusätzlich einen Basketball in den Rucksack von Michael.	Er packt die restlichen Bücher in den Rucksack von Marius und stellt ihn weg.
20.00	Man trifft sich im Kino.		Er will noch einen Medizinball in den Rucksack stecken.	
22.00	Er legt sich zum Schlafen und denkt: Mist, keine Hausaufgaben, keine Vorbereitung! Das gibt Ärger!	Er legt sich zum Schlafen und freut sich. Die Hausaufgaben sind alle erledigt und entspannt ist er auch.	Er packt die Bücher und den Medizinball vorsichtig auf den „schlafenden" Michael.	

i ▶ Sprechblasen an der Wand

Kein Radfahrer kann die Tour de France in einem Stück fahren. Auch ein Hausaufgabenberg wird nicht im Handumdrehen erledigt. Wichtig ist: Einteilen in überschaubare Portionen und Sortieren nach schriftlich oder mündlich, leicht oder schwer. Vor allem: Vermeiden von Störgedanken wie „Ich habe überhaupt keine Lust!". Statt dessen Mutmachersprüche wie „Ich schaff das schon!" *(→ Projektbaustein 8)*.

Die Schüler suchen nach weiteren Anregungen, die bei der Bewältigung der Hausaufgaben helfen könnten. Die besten Ideen werden in ansprechend gestalteten Sprechblasen gut lesbar an die Wand geklebt.

Alternative: Auf die Frage „Was ärgert dich an den Hausaufgaben?" werden Zettel an der Tafel gesammelt, nach Ähnlichem sortiert, Abhilfen diskutiert und Zettel mit Verbesserungsvorschlägen aufgehängt.

i ▶ Rollenspiel

Zwei Kinder (Michael und Marius) tragen den gleichen Hausaufgabenberg (hier ein Bücherstapel) und haben einen großen Rucksack auf dem Rücken; ein Erzähler im Hintergrund schildert den Tagesablauf der beiden. Ein fleißiger Helfer legt für jede Ablenkung einen Ball in den jeweiligen Rucksack, für jede Arbeit werden den Spielern Bücher abgenommen.

Der Erzähltext kann von den Schülern vorher selbst geschrieben werden.

Literatur

HELMS, W.: Hausaufgaben erledigen. Kerle, München 1995

KOWALCYK, W.: Hausaufgaben — So klappt's besser. Rowohlt, Reinbeck 1999

LEITNER, S.: So lernt man lernen. Herder, Freiburg 1995

MALYCHA, A. & ENGELHARDT-GROEGER: Lernen lernen (script), Geschwister-Scholl-Gymnasium, Lüdenscheid 1997/98

ZINTL, V.: Lernen mit System. Urban & Schwarzenberg, München 1998

4 Heftführung

Unterlagen sollen für eine Wiederholung oder zum Lernen vor Arbeiten benutzt werden können. Schüler müssen lernen, Mitschriften, Arbeitsblätter, Skizzen oder Zeichnungen übersichtlich zu sortieren und deutlich zu strukturieren. Dabei sollten jüngere Schüler beispielhafte Ideen sehen, um zunehmende Selbstständigkeit zu entwickeln (▶ *Ausstellung)*.

Organisatorische Fragen können gemeinsam geklärt oder jedem individuell überlassen werden, z. B. ob für Unterrichtsstunden und Hausaufgaben unterschiedliche Hefte oder Ordner benutzt werden und in welchem Umfang über den Unterricht hinausgehende Arbeiten in diese Unterlagen eingeordnet werden. Wesentlich ist, dass eine klare und übersichtliche Heftführung von Beginn an eine Verpflichtung schafft, ebenso sorgfältig und ernsthaft weiter zu arbeiten. Für besonders schöne Arbeiten oder Hefte gibt es ein vielfältiges Angebot „pädagogischer Stempel", die mit Lob nicht sparen.

Bezugsquellen z. B. :
- Verlag Jürgen Döll, 36275 Kirchheim
- Heindesign, Eilper Str. 76, 58091 Hagen
- Kohl Verlag, Kirchenstraße 16, 50170 Kerpen-Buir

i ▶ Ausstellung

Zwei Beispiele unterschiedlich geführter Hefte werden (anonym) auf Folie kopiert und diskutiert. Projektgruppen wählen besonders sorgfältig geführte Hefte und Ordner aus, die in einer Vitrine ausgestellt werden.

i ▶ Notizen im Unterricht

Eine Expertenrunde sammelt Ideen, wie unten angefangen, zu den Merkmalen einer gut nutzbaren Mitschrift und entwirft ein Musterbeispiel.

Gute Notizen sollen folgende Kriterien erfüllen:
- übersichtlich, gut gegliedert, leserlich;
- enthalten wichtigste Informationen in Kürze, Stichworte genügen;
- haben eine deutliche Trennung zwischen Vortrag und eigenen Kommentaren;
- können beim Durcharbeiten ergänzt werden (Rand lassen oder vorher Zettel einteilen; s. unten);
- sollten möglichst bald überarbeitet werden;
- aber auch später noch lesbar sein.

Randspalte	**Hauptfeld**
Schlagworte	Mitschrift
Notizen beim Nacharbeiten	
	farblich markiert: Kommentare
Fußzeile, Verweise auf weitere Informationsquellen	

i ▶ Register selbst gestalten

Für die „Ordnung im Ordner" kann ein selbst gebasteltes Register der Ansporn sein. Die dazu verwendeten Zeichenkartons zeigen Mandalas oder Parkettierungen, die in Entspannungsphasen ausgemalt werden. Viele Kopierer sind in der Lage, die ausgewählten Vorlagen auch auf schweres Papier zu kopieren. Besonder schöne Trennblätter können auch laminiert oder mit durchsichtiger Selbstklebefolie überzogen werden.

5 Klassenarbeit

Die beste Vorbereitung für eine Klassenarbeit sind gut geführte Unterrichtsunterlagen *(→ Projektbaustein 4)*. Ist der Arbeitstermin bekannt, sollte frühzeitig mit der Wiederholung begonnen werden. Beginnt man mit der groben Struktur, kann dieses Netz immer engmaschiger werden, wie beim ▶ *Spickzetteltraining* und sich durch die Wiederholung verfestigen.

Aus den bisher bekannten, biologischen Grundlagen der Gedächtnisbildung *(→ Projektbaustein 9)* werden Argumente für eine zeitlich strukturierte Wiederholung gesammelt. Außerdem können beispielhaft die optimalen Trainingsintervalle für Kurzzeit- und Langzeitgedächtnis entsprechend Umfang und Anforderung der Lerninhalte festgelegt werden.

i ▶ Spickzetteltraining

Bekannt ist das uralte Rezept, vor einer Klassenarbeit einen Spickzettel anzufertigen, den man letztlich dann nicht benutzt. Das verfeinerte Verfahren beginnt mit einem regelrechten Plakat auf einem DIN A3-Papier, das man sich über das Bett, an die Wand, an den Schrank oder eine andere unübersehbare Stelle hängt. Will man dort alle für eine Klassenarbeit verfügbaren Informationen übersichtlich unterbringen, ist bereits ein erster Schritt zur Wiederholung und Strukturierung des Lernstoffes getan. Eine Neuformulierung und weiteres Komprimieren auf DIN A4-Papier und schließlich auf Postkarten- oder Spielkartengröße verfestigt die Lerninhalte, sodass der Spickzettel in der Arbeit dann wirklich überflüssig ist. Ebenso lassen sich mit einem „Spickzetteltraining" unbewusst Lernerfolge erzielen: Spickzettel mit wasserlöslichen Stiften auf das Lineal oder den Schreibzeugkasten schreiben und schnelles Wegwischen zu Hause üben.

Ein Spickzettel unter der Fußsohle erzeugt ein sicheres Auftreten.

Positive Gedanken vermeiden „Kreislaufstörungen".

i ▶ Autosuggestion

Viele Schüler geraten trotz ausreichender Vorbereitung in Panik. Hier helfen ein „Ich bin ruhig-ich bin gut"-Programm, etwa der 13-Punkte-Sicherheitsgurt (ENDRES), Entspannungsübungen *(→ Projektbaustein 13)*, Lerngymnastik oder Konzentrationsübungen *(→ Projektbaustein 12)*. Ziel ist es in jedem Fall, „Kreislaufstörungen", wie sie die Abbildung zeigt, vorzubeugen.

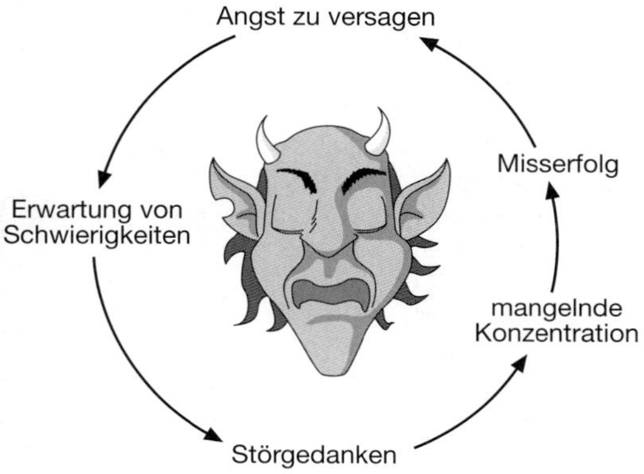

i ▶ Erfolgsspirale und Teufelskreis

Ein Teufelskreis der Miesmachersprüche (Seite 27) wird gegen eine „Erfolgsspirale" mit Muntermachersprüchen ausgetauscht *(→ Projektbaustein 8)*. Dazu kann ein fester Draht oder eine große Drahtfeder mit vielen Zettelchen bestückt werden, auf die deutlich lesbar die aufmunternden Sprüche geschrieben sind.

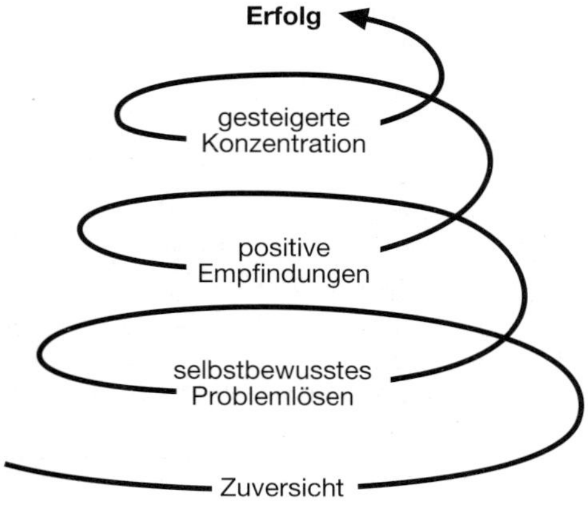

i ► Faustregeln

Aus den 12 Regeln kann sich jeder Schüler 10 aussuchen und den Fingern der Hände zuordnen. Viel Spaß macht es, die Puzzle-Teile mit Klebeband an den Fingern zu befestigen. Die „Faustregeln“ werden rechtzeitig vor einer Klassenarbeit trainiert. Weitere gute Tipps für die Vorbereitung der Klassenarbeiten finden die Schüler sicher selbst. Die Puzzle-Teile können auch im Rahmen des Kreativitätstrainings *(→ Projektbaustein 14)* zu einem Viereck zusammengesetzt werden (Beachte: Es ist kein Quadrat oder Rechteck).

Sage dir auf dem Weg zur Arbeit immer wieder, wie gut du dich vorbereitet hast!

Lass dich nicht von Mitschülern verrückt machen, die alles Mögliche aufzählen, was sie gelernt haben.

Wenn dich die spannungsgeladene Atmosphäre im Prüfungsraum unruhig macht, gehe nach draußen so lange es möglich ist.

Sortiere deine Gedanken, bevor du zu schreiben beginnst. Mache dir einige Notizen oder schreibe „Eselsbrücken" auf.

Lies die Aufgabenstellung ruhig und komplett durch. Gerate nicht in Panik, sondern frage, wenn du etwas nicht verstehst gleich zu Beginn der Arbeit.

Denk an den „Lohn der Pausen": Mache ab und zu eine Minipause von einer Minute.

Wenn du an ein Maskottchen glaubst, dann nimm es mit. Glaubst du an das Buch unter dem Kopfkissen, dann lege es nachts dahin.

Setze ein grobes Gerüst vor die Einzelheiten. Verzettele dich nicht!

Vermeide Miesmachersprüche, suche nach Muntermachern wie „Ich schaff' das schon" oder „Wenn ich will, dann klappt es auch"!

Beginne mit den Aufgaben, die du locker lösen kannst und stelle schwierigere erst einmal zurück.

Zu einer wichtigen Arbeit ziehen manche Leute ihre Lieblingsklamotten an. Das beflügelt unglaublich!

Mut zur Lücke. Wenn du eine Frage nicht gleich be antworten kannst, gehe erst einmal zur nächsten Aufgabe.

i ▶ Lerntipps

Schüler ergänzen diese Sprüche einer Kärtchensammlung (s. unten) oder erarbeiten sie selbstständig in einem Schreibgespräch. Jeder Spruch wird deutlich lesbar auf ein Kärtchen geschrieben. Sind alle Kärtchen an der Wand übersichtlich angeordnet, erhält jeder Schüler 5 grüne und 5 rote Markierungspunkte. Mit Grün sollen die Sprüche markiert werden, die gut sind und helfen können; mit Rot wird Ablehnung ausgedrückt. Die Bewertung ergibt eine Rangfolge, die anschließend diskutiert werden kann.

Zum Vokabellernen das Blatt knicken oder eine Seite abdecken; sich zu jedem Wort auch etwas Besonders vorstellen, z. B. the egg – Ei – Eierkopf.

Beim Lernen: Klassische Musik von Mozart im Hintergrund laufen lassen. Das entspannt.

Mit Eltern/Geschwistern/Freunden lernen und dabei über den Lernstoff diskutieren oder sich abhören lassen.

Zum Konzentrieren: Mehrere Minuten auf den Sekundenzeiger einer Uhr schauen und dabei ganz ruhig atmen.

Früh genug anfangen. – Den Lernstoff einteilen. – Nicht erst einen Tag vor der Arbeit anfangen zu lernen.

Erst Leichtes, dann Schwieriges lernen.

Schriftliches und Mündliches abwechseln.

Sofort nachlesen, wenn man etwas nicht verstanden hat oder Lehrer/Freunde/Eltern fragen.

Schon im Unterricht aufpassen und mitschreiben.

Das Gelernte anderen erklären, dann merkt man, ob man alles verstanden hat.

Eselsbrücken helfen immer, selbst wenn sie noch so simpel sind.

Lerne wie der Igel mit Köpfchen und nicht wie der Hase durch „zielloses Rennen".

Streitpunkt: Musik beim Lernen
Musik beeinflusst Stimmungen zum Teil dramatisch. Dieselbe Melodie oder derselbe Rhythmus treibt den einen zum Wahnsinn und entspannt den anderen. Ein und dieselbe Person reagiert manchmal genervt und manchmal euphorisch auf die gleiche Musik. Neuere Untersuchungen zeigen jetzt einen Zusammenhang zwischen der Konzentration bestimmter Geschlechtshormone und der musikalischen Kreativität. Psychologen sehen daher auch eine Verbindung zwischen dem Wechselspiel der Hormone, das in der Pubertät häufig aus den Fugen gerät, und der Reaktion auf Musik. Diese kann auch als Blitzableiter für angestaute Gefühle dienen. Techno kann daher Jugendliche beruhigen – aber sicherlich nicht beim Lernen *(→ Projektbaustein 10)*.

i ▶ Zeitgefühl entwickeln

Häufig passiert es, dass man zwar alle Aufgaben lösen könnte, die Zeit dafür aber plötzlich nicht ausreicht. Mit einer großen Stoppuhr (von Sportkollegen ausleihen) kann man üben, eine klar definierte kurze Aufgabe in einer festgesetzten Zeit zu lösen.
Bei Hausaufgaben: Wecker/Stoppuhr mit akustischem Signal während einer Aufgabe laufen lassen.

Gedächtnislücken entstehen durch geringe Aufmerksamkeit
Amerikanische Forscher haben mithilfe der Kernspintomographie herausgefunden, dass Gedächtnislücken nicht durch Vergesslichkeit, sondern durch mangelnde Aufmerksamkeit entstehen. Das Gehirn speichert ausschließlich jene Informationen, die der Mensch bewusst wahrnimmt.
(Science, Bd. 286, Nr. 5449, S. 2504)

i ▶ Lernkartei (Seite 14)

Für das Lernen neuer Vokabeln sollte der Aufbau einer Lernkartei geübt werden.

Literatur

ENDRES, W.; ALTHOFF, D.: Das Anti-Pauk-Buch. Beltz, Weinheim 1991

6 Mündliche Arbeit

Viele Kinder müssen erst lernen, längere Zeit aufmerksam zu sein, da sie leicht ablenkbar sind und nur „passiv" zuhören, ohne die Sinne und das Gedächtnis auf „Aufnahme" zu stellen *(→ Projektbaustein 10)*. Hier ist es notwendig, die Eigenbeobachtung der Schüler zu schärfen und über Selbstmotivation *(→ Projektbaustein 8)* und Konzentrationstraining *(→ Projektbaustein 12)* ein „Lernen mit allen Sinnen" zu erzeugen. Zunächst sollte gemeinsam erarbeitet werden, was aktive Teilnahme bedeutet. Ein Teil davon ist die Bereitschaft, sich auf die „Probleme" des Unterrichts einzulassen. Dies hat Ähnlichkeit mit dem aktiven Zuhören des Kommunikationstrainings. Daher kann zunächst „aktives Zuhören" in einfachen Dialogen geprobt, kritisiert, verbessert und bewertet werden. Diese Dialoge können selbst erfundene Gespräche zu familiären oder schulischen Problemen sein, aber auch mit fachspezifischen Zielen verbunden werden.

i ► Fragebogen zur Mitarbeit (Seite 22)

Angst, zu versagen, ausgelacht oder gerügt zu werden, ist ein Grund für mangelnde Mitarbeit. Nicht selten ist zu beobachten, dass stille Schüler in schriftlichen Arbeiten gute Leistungen zeigen und im Unterricht auf direkt gestellte Fragen hervorragende Antworten geben können, sich aber von selbst nicht beteiligen.

Unlust ist ein weiterer Faktor, der zur mangelnden Mitarbeit beiträgt. Man bekämpft sie z. B., indem man entweder sich selbst motiviert oder sekundär motiviert wird *(→ Projektbaustein 8)*.

Ein Fragebogen kann helfen, die Gründe für die fehlende Mitarbeit aufzudecken. Er wird anonym ausgefüllt. Bei der gemeinsamen Auswertung wird vielleicht deutlich, dass die eigenen Ängste nichts Besonderes sind und alle anderen mehr oder weniger ähnlich fühlen.

i ► Stufenplan (Seite 22)

Ein Unterrichtsgespräch kann Schritte in Richtung besserer Mitarbeit aufzeigen. Ansatz für einen Lösungsweg bietet z. B. der Stufenplan, dessen Texte die Schüler auch selbst erarbeiten können.

Aktives Zuhören

Man signalisiert dem Gesprächspartner, dass man versteht, was er sagt, das Gesagte ohne Bewertung akzeptiert und ermöglicht es ihm so, selbst zu einer Problemlösung zu kommen. Durch aktives Zuhören wird ein Sender mit einem Empfänger in Beziehung gebracht. Es ist keine Technik, die aus der Werkzeugkiste gezogen und bei Bedarf wieder weggelegt werden kann. Es ist eine grundlegende Methode des Kommunikationstrainings und benötigt ständige Übung.

Es bedeutet z. B. vom Sender aus gesehen,
- dem Empfänger zum Sprechen zu bringen;
- dass der Empfänger willens ist, auf die Botschaften des Senders zu reagieren;
- mit der eigenen Reaktion dem Empfänger zu signalisieren, dass dessen Antwort aufmerksam wahrgenommen wurde;
- dass der Zuhörer Botschaften des Senders wiederholt, aufgreift oder als Anregung „zurückwirft".

Vom Empfänger aus gesehen bedeutet es z. B.,
- dass er nicht schweigt oder nur passiv zuhört;
- dass er bereit ist, sich auf Entschlüsselungsprozesse einzulassen;
- dass er selbst Energie in das Gespräch steckt.

Säulen der mündlichen Mitarbeit

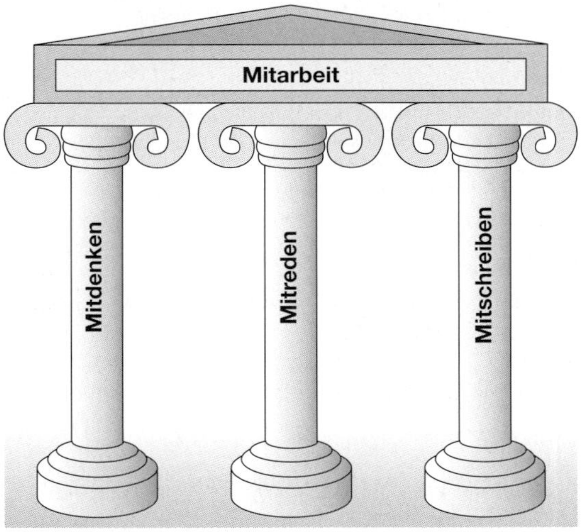

Einstiegsbeispiel
Michael sitzt friedlich vor seinem Matheheft und döst. Plötzlich: „Michael, wie multipliziert man zwei Brüche?“ Lähmendes Entsetzen ergreift Michael – in seinem Gehirn ist gähnende Leere. Denkblockade!

i ► Denkblockaden

Mit einem Einstiegsbeispiel oder dem Spruch kann diese Situation den Schülern bewusst gemacht werden.

Denkblockaden sind nicht selten und können biologisch als Folge der Ausschüttung von Adrenalin als Vorbereitung für eine schnelle Flucht erklärt werden. Situationen wie im Einstiegsbeispiel lassen sich aber aus der Sicht der Schüler durch einen einfachen Trick vermeiden: Eine mäßige aber regelmäßige Mitarbeit, besser aber noch durch eine regelmäßige aktive Mitarbeit.

Was ist der Unterschied zwischen einer Minute und einer Schulminute?
Eine Schulminute hat 60 Schrecksekunden.

Literatur

BIDDULPH, ST.: Das Geheimnis glücklicher Kinder; Beust Verlag, München 1994

ENDRES, W. et al.: Mündlich gut; Deutscher Sparkassenverlag, Stuttgart 1998

GORDON, TH.: Familienkoferenz; Heyne, München 1992

GORDON, TH.: Lehrer-Schüler-Konferenz; Heyne, München 1992

i ► Geheimaufträge

Unlust, Ängste und Unsicherheiten können auch in kleinen Schritten und mit verschiedenen „Tricks“, z. B. mit Geheimaufträgen, bekämpft werden. Zahlreiche Anregungen dazu liefert die Broschüre von ENDRES „Mündlich gut“ (1998). Die „Geheimaufträge“ eignen sich für Klasse 5/6. Sie können ausgeschnitten und an den gestrichelten Linien so zusammengeheftet werden, dass nur der Betroffene seinen Arbeitsauftrag lesen kann. Die Hinweise sind damit etwas geheimnisvoller und vielleicht auch etwas eindringlicher als die mündliche Mitteilung.

Beispielzettel

Geheimauftrag an

....

Führe eine Strichliste darüber, wie oft du dir unverständliche Begriffe erklären lässt!

Geheimauftrag an

....

Suche dir in dieser Woche ein Fach aus, im dem du freiwillig die Hausaufgaben vorträgst!

Geheimauftrag an

....

Suche dir eine(n) Mitschüler(in) aus, die du in der nächsten Zeit unauffällig aber öfter loben möchtest!

Fragebogen zur Mitarbeit

Folgende Fragen sollen dir helfen, die Gründe für eine mangelnde mündliche Mitarbeit zu finden und deine Mitarbeit zu verbessern. Beantworte die Fragen ehrlich und kreuze je Zeile nur ein Feld an.

Es bedeutet: Die Aussage stimmt ① = immer, ② = meistens, ③ = häufig, ④ = manchmal, ⑤ = nie

1. Ich bin nicht gut vorbereitet. Weil mir das Wissen fehlt, fühle ich mich unsicher. ① ② ③ ④ ⑤
2. Ich bin nicht motiviert. Das Thema interessiert mich nicht und ich habe keine Lust, mitzureden. ① ② ③ ④ ⑤
3. Ich habe Angst, vor mehreren Menschen zu reden, weil mich alle ansehen. ① ② ③ ④ ⑤
4. Ich habe Angst, vor Leuten zu reden, von denen mich vielleicht einige nicht mögen. ① ② ③ ④ ⑤
5. Ich bin unsicher und habe Angst, mich zu blamieren oder ausgelacht zu werden. ① ② ③ ④ ⑤
6. Ich beobachte ständig die Reaktionen meiner Mitschüler und warte erst einmal, was sie sagen. ① ② ③ ④ ⑤
7. Ich fürchte die Kritik des Lehrers, weil er mich sowieso nicht leiden kann. ① ② ③ ④ ⑤
8. Ich überlasse die mündliche Mitarbeit den Schleimern und Schwätzern, die nur auffallen wollen. ① ② ③ ④ ⑤
9. Ich überlasse die mündliche Mitarbeit den wirklich Guten, die einfach besser sind als ich. ① ② ③ ④ ⑤
10. Ich beteilige mich nur, wenn ich mir mit meiner Antwort absolut sicher bin. ① ② ③ ④ ⑤
11. Am meisten habe ich davor Angst, rot zu werden, zu laut oder zu leise zu sprechen. ① ② ③ ④ ⑤
12. Mir ist es lästig, die ganze Stunde aufzupassen und ständig mitzudenken. ① ② ③ ④ ⑤
13. Ich möchte nicht an die Tafel oder nach vorn gehen müssen, weil mir dann nie die richtigen Worte einfallen. ① ② ③ ④ ⑤
14. Ich kann machen, was ich will, meine Beiträge werden sowieso nicht gelobt. ① ② ③ ④ ⑤
15. Ich weiß nicht, was gerade gefragt wurde und wozu ich überhaupt etwas sagen soll. ① ② ③ ④ ⑤
16. Ich finde es schrecklich, wenn man mich vor allen anderen kritisiert oder korrigiert. ① ② ③ ④ ⑤

Heb' ab mit dem Stufenplan

1. Stufe:
Die Entscheidung für eine regelmäßige Mitarbeit bedeutet, dass du dich vorbereitest. Das fällt im Moment noch schwer.

2. Stufe:
Die gute Vorbereitung macht dich sicher und du kannst locker mitdenken und mitreden. Du weißt jetzt, was du mitschreiben musst.

3. Stufe:
Die Angst sich zu blamieren, verschwindet. Kritik macht dir nichts aus, im Gegenteil, sie spornt an. Häufiges Lob stärkt dein Selbstbewusstsein.

4. Stufe:
Du bist voller Begeisterung, weil du jetzt immer so gute Ideen im Unterricht hast. Das beflügelt dich!

5. Stufe:
Jetzt fällt die Vorbereitung nicht mehr schwer. Außerdem weißt du, dass dir damit viel Arbeit hinterher erspart bleibt.

7 Referate

Die Vorbereitung von Referaten erfolgt mit der individuellen Lernmethodik, die auch für andere schriftliche oder mündliche Hausaufgaben angewandt wird.

Für den Vortrag gilt Folgendes:
- Einfaches Vorlesen kann den besten Inhalt beeinträchtigen, wenn der Vortragende unsicher wirkt oder seine Zuhörer einschläfert.
- Es gibt kaum etwas Ansteckenderes als Gähnen oder monotones und müdes Sprechen.
- Ebenso erzeugen schrille Töne oder viele „Äh's" und „Ehem" Ablenkungen.
- Können die Zuhörer dem Gesagten nicht folgen, verliert auch der Referent durch die gesteigerte Unruhe den Faden.
- Wird der Referent immer schneller, steigert sich seine Nervosität und er verliert schließlich den Überblick.

Diese Grundregeln können von der Gruppe nach der Anhörung verschiedener Referate selbst aufgestellt werden.

i ► Vortragsstile beurteilen

Vier Schüler lesen eine kurze Geschichte auf unterschiedliche Weise vor:
- monoton und ermüdend,
- mit flotter Betonung und lustig,
- übertrieben laut,
- zaudernd und zögerlich leise.

i ► Körpersprache beurteilen

Es gibt zahlreiche Bücher, die deutlich machen, mit welchen Gesten und Körperhaltungen wir unserem Gegenüber bestimmte Dinge ohne Worte sagen. Aus der Biologie lassen sich auch vom tierischen Verhalten verschiedenartige Beispiele von „Verlegenheitsgesten" und „Übersprunghandlungen" mit dem menschlichen Verhalten vergleichen.

Während einer Vortragsreihe bekommen einige Schüler den Auftrag, auf deplatzierte Bewegungen, besondere Haltung, Hüsteln usw. zu achten und die gesamte Körperhaltung des Referenten zu klassifizieren (z. B. selbstbewusst, „cool", nervös, unsicher, usw.). Die Beobachtungen werden anschließend ohne Namensnennung diskutiert.

i ► Pantomime

Durch Einstudieren von Pantomimen lernen die Teilnehmer das Gewicht der gewollten Sprechpausen kennen und von peinlichen Verlegenheitspausen unterscheiden. Dabei wird die Körpersprache beachtet sowie Mimik und Gestik gezielt eingesetzt.

i ► Blickkontakt

Mit einem vorgefertigten Redetext, der schwierig, verrucht oder sehr witzig ist, lässt sich in Partnerarbeit der Blickkontakt üben. Bei einem Vortrag möglichst lange Blickkontakt halten, ohne in Lachen auszubrechen oder irgendwelche Verlegenheitsgesten zu machen, fällt vielen schwer. Besonders wichtig: auf die Hände achten!

i ► Visualisierungen

Bilder, Filme, Dias, Folien und strukturierte Handzettel sind sicher allen bekannte Hilfsmittel. Zu spezifischen Themen gibt es weit interessantere und für nachhaltiges Einprägen effektivere Methoden: Auf das Referat bezogene Gegenstände mitbringen, ein Experiment vorführen oder mit den Zuhörern machen, vor den geistigen Augen der Zuhörer eine Geschichte entstehen lassen, usw.

i ► Spickzettel austauschen

Für jeden Vortrag braucht man Unterlagen. Sie sollten übersichtlich strukturiert sein.
Zur Übung: Spickzettel untereinander austauschen und versuchen, mit einem fremden Spickzettel das Referat zu halten; damit erfährt der Einzelne viel über die Qualität seines eigenen Spickzettels und erkennt, worauf es bei einer Strukturierung ankommt.

Literatur

Knobloch, J.: Referate halten lernen, AOL Verlag, Lichtenau 1998

Meier, M. A. et al: Lernmethoden, Lehrmethoden, Jahresheft XV, Friedrich-Verlag, Seelze 1997

Folienvorlage: Referate ohne Angst

Jeder der sprechen kann, kann auch reden lernen.
Stimme, Stimmung und Körpersprache hängen eng zusammen.
Daher: Denk' positiv!

Inhalt

1. Der Vortrag muss klar gegliedert sein (Einleitung, Hauptteil, Schluss).
2. Die Einleitung weckt das Interesse des Zuhörers: zum Beispiel mit einem Scherz, einer Anekdote oder einer Frage beginnen.
3. Für den Hauptteil beachten: weniger ist oft mehr.
4. Am Schluss mit einer positiven Formulierung zum Handeln auffordern, denn: der letzte Eindruck bleibt.
5. Nur einen Gedanken in einem Satz bringen.
6. Ein Satz sollte nicht länger als 8 Sekunden sein.
7. Für Anschaulichkeit sorgen Bilder, Dias, Folien oder Vervielfältigungen.

Wortwahl

1. Bildhafte Sprache bewirkt Aufmerksamkeit und Gefühle.
2. Durch einfache Worte wird die Rede lebendig.
3. Schwierige Fremdwörter nur benutzen, wenn sie inhaltlich notwendig sind.
4. Ständige Wiederholungen vermeiden.

Körpersprache

1. Selbstbewusst, aber nicht überheblich wirken.
2. Körpersprache deshalb vor dem Spiegel üben.
3. Beim Vortrag Blickkontakt halten.
4. Auf eine lockere Körperhaltung in Richtung der Zuhörer achten.
5. Hemmungen hat jeder, aber Entspannen hilft, das Lampenfieber auf ein erträgliches Maß zu reduzieren.
6. Überzeugend und glaubhaft kann man nur wirken, wenn man selbst von seiner Rede überzeugt ist. Daher: nicht etwas Abgeschriebenes vorlesen, sondern aus Stichwörtern und Skizzen einen „Spickzettel" machen.

Stimme

1. Langsam und deutlich, aber nicht einschläfernd sprechen.
2. Am Satzende die Stimme senken.
3. Sprechweise und Tonfall mit einer Tonbandaufzeichnung überprüfen.
4. Die Kraft der Pausen nutzen, damit die Zuhörer den Inhalt verarbeiten können.

8 Motivation

Im Idealfall lernen Schüler, weil sie etwas wissen wollen oder weil sie Spaß an allem Neuen haben *(intrinsische Motivation)*. In der Schulwirklichkeit lernen Schüler häufig nicht unabhängig von Prüfungen und Noten. Meist wird Lernen als Belastung empfunden. Die Schüler kommen mit sogenannter *extrinsischer Motivation*, einem von außen herbeigeführten Zustand des Interesses. Gelernt wird zum Beispiel, weil eine Belohnung seitens des Lehrers, der Eltern oder anderer Personen erwartet wird. Oft aber wird nur auf äußeren Druck hin gelernt oder aus Angst vor Strafe. Außerdem demotivieren sich viele Kinder selbst, indem sie sich, die Aufgaben, den Lehrer oder die Schule an sich negativ bewerten. Da geringe Motivation auch geringe Konzentrationsfähigkeit nach sich zieht, sind Misserfolge vorprogrammiert.

Motivation und Demotivation hängen auch von der eigenen Interpretation der Wirklichkeit ab: Glaubt ein Schüler, die schlechten Noten seien auf fehlende Anstrengungen zurückzuführen, wird er sich das nächste Mal mehr anstrengen. Ist er aber davon überzeugt, dass seine Ergebnisse durch Ungerechtigkeiten (unfaire Prüfung, voreingenommener Lehrer) zustande kamen, wird er aufgeben.

Ziel dieses Projektbausteins sollte es also sein, Einsicht in den Zusammenhang zwischen positivem Denken und Leistungszuversicht zu vermitteln. Selbstermutigung macht lernbereiter und frustrationstoleranter. Es bedarf jedoch einer gewissen Selbstüberwindung, diese Erfolgsspirale in Gang zu setzen. Dies fällt um so leichter, je mehr man über diese Zusammenhänge weiß. „Wer keine Erfolge erwarten kann und keine Erfolge erzielt, kann nicht leistungsmotiviert sein; dies gilt ganz besonders für wenig leistungsmotivierte Menschen“ (Edelmann, 1996). Das heißt, dass durch Differenzierung im Unterricht für Schüler Erfolgsanreize geschaffen werden müssen. Differenzierung lässt sich im Rahmen von Projektarbeit gut verwirklichen.

Erfolg ist sein eigener Motor.

Motivation
Motivation ist in der Psychologie eine Sammelbezeichnung für vielerlei Prozesse und Effekte, deren gemeinsamer Kern darin besteht, dass ein Lebewesen sein Verhalten um der erwarteten Folgen willen auswählt und hinsichtlich Richtung und Energieaufwand steuert.

Hierarchie der Motive
Nach Maslow (Edelmann, 1986) lassen sich die Motive menschlichen Handelns in einer Hierarchie anordnen:

Ganz unten rangieren die grundlegenden biologischen Bedürfnisse (Nahrung, Sexualität), darüber das Sicherheitsbedürfnis (Ruhe, Behaglichkeit, Freiheit vor Angst). Müssen wir uns keine Sorgen mehr über Gefahren machen, lassen wir uns durch Bindungsbedürfnisse motivieren (Lieben und geliebt zu werden). Sind wir wohlernährt, fühlen uns sicher und sozial zugehörig, steigt unser Bedürfnis nach Selbstwertgefühl und Anerkennung (sich selbst mögen, kompetent fühlen, als tüchtig betrachtet und geschätzt werden).

Erst dann folgen nach Maslow's Hierarchie kognitive Bedürfnisse, also die Suche nach Denkanregungen, Wissen, Verstehen und Forschen und in der nächsten Stufe ästhetische Bedürfnisse (Wunsch nach Ordnung und Schönheit), welche die menschliche Kreativität beeinflussen. An der Spitze der Hierarchie finden wir Menschen, die satt, frei von Furcht, geliebt und selbst liebend, selbstsicher, denkend und kreativ sind und die dann nach Selbstverwirklichung suchen. Eine sich selbst verwirklichende Person ist selbst aufmerksam, akzeptiert sich, hat soziale Fähigkeiten und ist kreativ, spontan und offen für Veränderungen. Maslow nimmt an, dass die Bedürfnisse einer Stufe erst befriedigt werden müssen, bevor die nächste Stufe erreicht werden kann. Dies wirkt sich in unserem Kulturkreis auch auf die Leistungsmotivation aus und wird nicht der Gnade der Götter oder göttlicher Züchtigung zugeschrieben. Die Leistungsmotivation resultiert aus der „Hoffnung auf Erfolg abzüglich der Furcht vor Misserfolg“ und den äußeren Faktoren, wie Belohnung oder Zwang.

i ▶ Konferenzspiel: Motivation

Zum Thema „Was ist Motivation und wie kann man sie verbessern?" wird eine Konferenz vorbereitet und durchgeführt. Intention des Spiels ist es, nicht nur ein Gespräch zum Thema Motivation zu führen, sondern auch Kommunikationsformen *(→ Projektbaustein 15)* zu trainieren. Die Schüler übernehmen dabei verschiedene fiktive Rollen (etwa Psychologe, Lehrer, Schüler, usw.). Die Vorbereitung erfolgt alleine oder in Teams. Die Konferenz dauert ca. 30 Minuten, kann gefilmt werden und wird anschließend ausgewertet.

i ▶ Wahrnehmung und Motivation

Spielerisch Neugierde wecken lässt sich durch die phantasievolle Ergänzung von Wörtern oder Bildern, die nur halb vorhanden sind oder doppeldeutig interpretiert werden können. Mit dieser Übung lassen sich verschiedene Wahrnehmungsphänomene verknüpfen *(→ Projektbaustein 10).*

Neugierig machen durch teilweises Aufdecken: Ein Teil einer Abbildung wird sichtbar, der Rest muss geraten werden. Dies lässt sich in fast allen Fächern bei der Präsentation von Folien gut durchführen, wenn Puzzle-Teile vorher aus Zeichenkarton ausgeschnitten,auf die Folie aufgelegt und dann von der Abbildung schrittweise entfernt werden. Für verschieden komplizierte Abbildungen werden von den Schülern geeignete Puzzle-Teile entworfen und aus Zeichenkarton hergestelt.

Lückenbild

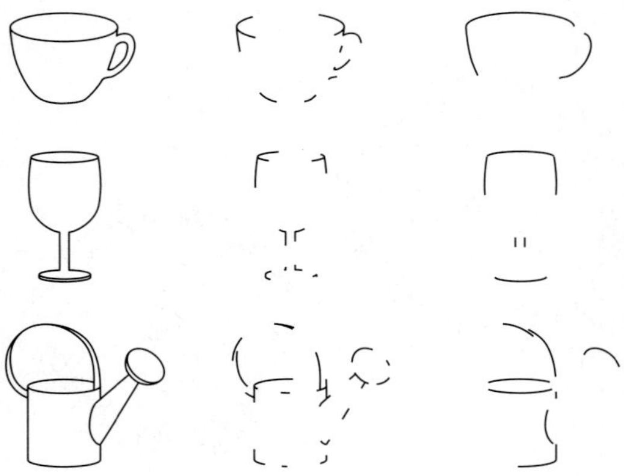

i ▶ Wieso?, Weshalb?, Warum?

Kleine Kinder, die gerade sprechen lernen, sind extrem neugierig. Ein beliebtes Spiel ist es dann, dass sie auf einen Gegenstand deuten und etwa im Sinne „Was ist das da?" fragen, um neue Worte und Zusammenhänge zu lernen. Diese Neugierde, die Ausdruck einer enorm hohen Lernmotivation ist, wird nicht selten von den Erwachsenen als nervig empfunden und später mit dem Satz „Sei doch nicht so neugierig!" gedämpft, wobei der Begriff „Neugierde" einen leicht unangenehmen Beigeschmack erhält. Aber nur wer neugierig ist, kann auch etwas lernen. Ein großes Hilfsmittel, verschüttete Neugierde wieder zu wecken, sind die W-Fragen. Journalisten benutzen sie zur Recherche, um Kurzbeiträge möglichst interessant, informativ und umfassend zu gestalten.

Schüler stellen solche W-Fragen, z.B. zu einem bestimmten Unterrichtsgegenstand auf Kärtchen zusammen. Auch Impulskärtchen können leicht aus einem DIN A4-Blatt hergestellt werden: Blatt in vier Felder einteilen, mit entsprechenden Sätzen beschriften, wie „Neugierde ist ...", „Mich macht etwas neugierig, wenn ...", „Neugierige Fragen sind ...", und Kopien dann zerschneiden.

W-Fragen

Wer hat etwas getan? Wer steht im Zentrum der Erzählung? Wer ist wichtig?

Wo ist es geschehen? Wo spielt die Geschichte? Wo könnte ich nach etwas suchen?

Wann geschah es? Wann wurde etwas entdeckt? Wann wird etwas eintreten?

Wie könnte etwas werden? Wie ist es abgelaufen? Wie kann ich eingreifen?

Was hat die Person gemacht? Was verändert sich, wenn ich hier eingreife?

Warum bellt der Hund? Warum ist der Himmel blau? Warum funktioniert der Computer nicht?

Wohin geht der Weg, wenn ...? Wohin wendet sich die Hauptperson?

Womit kann ich mein Ziel erreichen? Womit ist ein Experiment möglich?

i ► Ansteckende Emotionen

Glückspilz, Trauerkloß, Pechvogel — diese und weitere Personentypen werden durch Pantomime charakterisiert. Akteure und Zuschauer beschreiben ihre Gefühle.

Sicher kennt jeder die unerträglichen Einflüsse, die Miesmacher auf Partys haben. Ähnlich ist ihre Wirkung in der Schule. Man stimmt nicht selten in das Gejammer mit ein. Die Folgen sind negative Effekte auf die Motivation.

Die Schüler suchen nach extremen Miesmacher- und echten Muntermachersprüchen und nach Sätzen, die dazwischen liegen. Auf Kärtchen geschrieben, werden die Sprüche zunächst bewertet (z. B. auf einer Skala von −5 bis +5 aufhängen) und können auch zum Rollenspiel (► *Botenstoffe)* verwendet werden.

Miesmacher
„Ich hab' keinen Bock!"
„So ein Mist!"
„Der Typ da vorne nervt!"

Muntermacher
„Ich schaff das schon!"
„Ich teil's mir auf, dann geht's!"
„Mir wird schon 'was einfallen!"

i ► Motivation durch Effektivität

Am Beispiel der ► *Lernkartei* (S. 14) lässt sich ausprobieren, dass effektives Lernen mehr Spaß macht. Auch sollten alle organisatorischen Hürden beseitigt sein, bevor man an die Arbeit geht:

- Der Arbeitsplatz ist aufgeräumt.
- Das Hausaufgabenheft hilft wirklich.
- Die Wochenübersicht erleichtert die Planung.
- Hausaufgaben sind in kleinere Portionen aufgeteilt.
- Erfrischene Pausen sind eingeplant.

Das „Lerntagebuch" enthält Muss-Ziele, wie die Hausaufgaben für den nächsten Tag, und Kann-Ziele. Dieses sind „Just-for-fun-Ziele".

Literatur

EDELMANN, W.: Lernpsychologie; Beltz Psychologie Verlagsunion, Weinheim 1996

i ► Botschaften und Botenstoffe

Die unmittelbare Wirkung der Mies- und Muntermacher-Sprüche können Schüler durch folgendes Kreisspiel am eigenen Leibe erfahren.

1. Runde: Ein Kind steht mit geschlossenen Augen in der Mitte eines fiktiven Kreises. Acht bis zehn Kinder stellen sich in einem Abstand von etwa drei Metern um das Kind herum. Die „Kreiskinder" erhalten ein Kärtchen mit einem selbst gefundenen oder vorgegebenen Negativsatz. Der Reihe nach (drei Durchgänge) werden diese Sätze dem Kind in der Mitte vorgelesen, wobei die Akteure nach dem ersten Durchgang einen Schritt näher auf das Kind in der Mitte zugehen und nach dem zweiten und dritten Durchgang jeweils einen weiteren Schritt. Im Anschluss an diese Simulation wird das Kind befragt, wie es sich fühlt, wo die Gefühle sitzen, welcher Satz hängengeblieben ist.

2. Runde: Die Beteiligten stellen sich wie in der ersten Runde auf. Jetzt erhalten die Kreiskinder Kärtchen mit einem Positivsatz und rücken nach jedem Durchgang einen Schritt von dem Kind in der Mitte weg. Auch hier wird anschließend erfragt, wie sich das Kind in der Mitte gefühlt hat und welche Aussagen noch im Gedächtnis sind.

Die Befragung der Kinder und der Vergleich der beiden Runden liefert erste Hinweise auf den Zusammenhang von innerer Stimmung und Merkfähigkeit. Die innere Stimmung lässt sich biologisch der Wirkung bestimmter Botenstoffe (Hormone) im Körper zuzuordnen. „Glückshormone" unterstützen den Lernprozess (nach MALYCHA und ENGELHARDT-GROEGER, 1998, siehe S. 15)

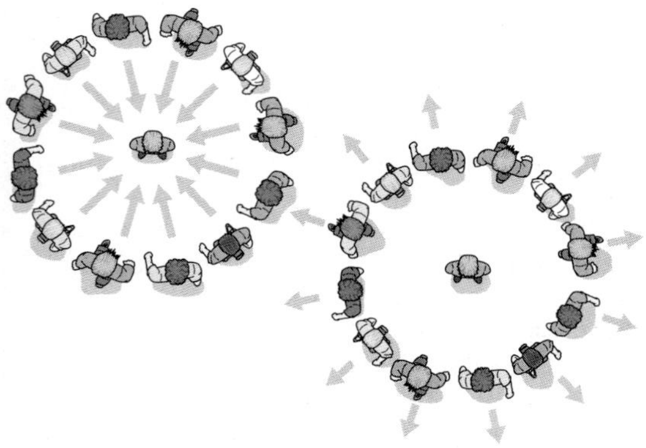

9 Gedächtnistraining

Gelerntes muss behalten werden. Besser lernen und besser behalten gehören daher eng zusammen. Eine möglichst optimale Datenspeicherung beginnt mit der Auswahl der besten Aufnahmemechanismen. Im Gehirn lassen sich bestimmte Bereiche lokalisieren, die Informationen von spezifischen Sinnesorganen aufnehmen und zur Weiterverarbeitung mit anderen Gebieten vernetzen. Mit einem ► *Lerntypentest* (S. 10) kann jeder individuell seine bevorzugten Eingangskanäle feststellen und überall dort, wo es möglich ist, zur optimalen Datenerfassung nutzen.

Würde das Gedächtnis alles speichern, was die Sinnesorgane liefern, wäre in kürzester Zeit die „Festplatte" blockiert. Aus dem Wahrnehmungsspeicher gehen daher nur Bruchteile in den Kurzzeit- und Langzeitspeicher über. Erblich bedingte „Filterstationen" im Arbeitsgedächtnis bewahren uns vor der Informationsflut und sind gleichzeitig der Punkt, an dem wir mit Lernstrategien ansetzen können.

Die organisatorischen Aspekte einer geeigneten Lernumgebung liefern dazu nur den äußeren Rahmen. Wesentlich sind auch die Emotionen, insbesondere großes Interesse, da die elektrischen Impulse in den Nervenzellen nur dann zu länger haftenden Eindrücken verarbeitet werden, wenn sie aus der Informationsflut herausgehoben werden. Positive Motivation und Erinnerungen, an die angeknüpft werden können, fördern die Speicherung. Notwendig ist dazu auch eine besondere Konzentration *(→ Projektbaustein 12)*, damit die Verweildauer der Information in den verschiedenen Gedächtnisstufen erhöht wird. Werden die Speicherprozesse durch zu schnelles Eintreffen neuer Informationen gestört, spült diese Überschwemmung Neues und Altes gleichzeitig aus dem Kurzzeitgedächtnis.

i ► Die Kniffel-Aufgabe der Woche

Einzelne Schüler sammeln mit Vorliebe kniffelige Probleme. Hier kann man einen Wettbewerb veranstalten: In einer Wandzeitung werden die wichtigsten Aufgaben ausgehängt und sollen von den anderen gelöst werden (der Autor der Aufgabe muss die Lösung natürlich selbst kennen und darf sie nicht verraten, auch nicht seinem besten Freund).

i ► Checkliste: Gedächtnishilfen

Verschiedene Möglichkeiten, die textliche Informationsverarbeitung zu verbessern, zeigt die Checkliste nach Vollmer (1994). Sie kann zunächst auf den links stehenden Text angewendet und dabei erweitert werden, lässt sich aber auch auf andere Lernsituationen, die über das Lesen und Behalten von Textinformationen hinausgehen, übertragen.

► Checkliste
Textinformation bewusst aufnehmen und wiedergeben:
- Texte markieren;
- wichtige Textstellen herausschreiben;
- Fragen zum Text stellen;
- in eigenen Worten aber möglichst kurz zusammenfassen (vergleichbar der Pressenotiz);
- den Inhalt jemandem erzählen (zur Not dem Kassettenrekorder);
- den Inhalt visualisieren;
- Modell oder Mindmap entwerfen.

Textinformationen verändern, bewerten bzw. anwenden:
- vergleichen mit Bekanntem oder einem anderen Text;
- Gegenargumente suchen;
- die fünf wichtigsten Aussagen neu formulieren;
- eine neue Inhaltsstruktur aufstellen;
- Aufgaben dazu erfinden und sie lösen.

Nach subjektiver Bewertung des Textes suchen:
- Inwiefern betrifft mich der Inhalt?
- Wie kann ich das Gelernte praktisch verwerten?
- Was würde meinen Freund/meine Freundin davon interessieren?

► Gedankenverknüpfungen

1. Versuch: Der Versuchsleiter sagt der Versuchsperson, dass sie sich die folgenden Begriffe einzeln einprägen soll und liest dann der Versuchsperson langsam und deutlich die Begriffe vor, die in Box 1 stehen (pro Begriff etwa 3 Sekunden).

2. Versuch: Der Versuchsleiter sagt der Versuchsperson, dass sie zwischen den aufeinander folgenden Wörtern Gedankenverküpfungen herstellen soll. Diese sollten möglichst komisch sein. *Beispiel:* Zu Nase-Haken-Pferd kann man sich eine Statue vorstellen, aus der eine lange Nase wächst, in die ein Haken geschlagen wird, an dem ein Pferd hängt. Der Versuchsleiter liest dann der Versuchsperson langsam und deutlich die Begriffe vor, die auf der Liste in Box 2 stehen (pro Begriff etwa 3 Sekunden).

Auswertung:
1. Unterscheiden sich die Ergebnisse der beiden Versuche nur wenig (3 bis 5 Wörter), dann sollte sich die Testperson beim Erlernen neuer Dinge immer möglichst viele Querverbindungen und Zusammenhänge zu bekannten Begriffen suchen und sich dies auch bewusst machen!
2. Unterscheiden sich die Ergebnisse der beiden Versuche stark (mehr als 6 Wörter), dann sollte sich die Testperson vor dem Lernen stets klar machen, zu welchem Lebensbereich oder welchem größeren Thema das Neue in Beziehung steht und wofür das Neue nützlich und sinnvoll ist.

Beispiele für Box 1	**Beispiele für Box 2**
Nudel	Motorrad
Maus	Rennwagen
Bett	Kiste
Topf	Pferd
Jacke	Baum
Bohnen	Zweig
Walkman	Apfel
Zebra	Liebe
Tisch	Schwein
Blase	Luftmatratze
Zeit	Kugel
Kaktus	Tasche
Gondel	Antenne
Tusche	Uhr
Sonne	Wolke
Puppe	Euter
Teppich	Bluse
Teich	Arm
Kopf	Bein
Ton	Fuß

i ► Gedankenverknüpfungen

Für die beiden Versuche wird jeweils ein Versuchsleiter und eine Testperson benötigt. Nach jedem Versuch stellt der Versuchsleiter 20 Kopfrechenaufgaben. Anschließend schreibt die Testperson die Wörter auf, die sie behalten hat. Sie hat dafür 60 Sekunden Zeit. Die Anzahl der Begriffe, an die sich die Testperson erinnern konnte, wird notiert. Die beiden Versuche werden nacheinander durchgeführt.

i ► Wege ins Gedächtnis

Viele Lernwege führen zu einem guten Gedächtnis. Die Erfahrungen und Vorschläge der Schülerinnen und Schüler dazu auf Kärtchen sammeln und im Fachunterricht an geeigneten Stellen anwenden lassen.

Schwierige Wörter mit Bildern und Eselsbrücken verbinden.

In Gedanken den Text als eine Bildergeschichte (Cartoon) festhalten.

Regeln als Äste an einem Baum vorstellen.

In der fremden Sprache witzige Dialoge selbst erfinden.

Als Reporter ein fiktives Kurzinterview zu dem neuen Stoff schreiben (Wer? Was? Wie? Warum? Wann? Wo? Woraus? Wohin?)

Einen Text nachspielen oder in einen Brief bzw. einen Tagebucheintrag umwandeln.

Aus einem Text eine Fernsehansage oder einen Augenzeugenbericht machen.

Reimtechniken und Merkverse selbst erfinden.

Mein Bio-Buch mit allen Sinnen genießen!
Sehen: Aus meiner Schultasche lugt es in Micky-Mouse-Papier eingepackt unaufdringlich hervor und weckt meine Neugier — heute zum Thema Säugetiere.
Riechen und Begreifen: Ich mag den Geruch des neuen Buches und die glatte Oberfläche seiner Seiten.
Blättern: Ich nähere mich dem Thema in kleinen Schritten — erst einmal im Inhaltsverzeichnis orientieren, dann Überschriften und Bilder ansehen, mich gedanklich beeindrucken lassen von der faszinierenden Welt der Eisbären, Wale, Kamele oder Füchse, mich treiben lassen an den Nordpol, ins Meer, in die Wüste und in die Wälder.
Lesen: Mir begegnen bekannte Themen, auch Hunde und Katzen sind ja Säugetiere, aber Wale? Waren das nicht Fische? Warum eigentlich nicht?
Schmecken: Vieles schmeckt mir — die interessanten Unterschiede zwischen den Raubtieren und anderen Säugetieren. Die bunte Naschkatzen-Mischung aus Gummibärchen und Kartoffelchips erschlägt mich aber nicht. Ich löffele meine eigene biologische Suppe.
Hören und Sprechen: Ich höre mich um, was andere zu den Säugetieren sagen. So bin ich in Kontakt und bleibe am roten Faden.
Fühlen: Für mich zählt am stärksten das Gefühl, auch ein Säugetier zu sein, genauso stark wie Löwen, Tiger, Elefanten, usw.
Schreiben und Handeln: Jetzt weiß ich auch, was ich zum Thema Säugetiere schreiben will, aber zuerst mache ich mir ein paar Notizen und eine kleine Skizze.

i ► „Gehirnjogging“

Für Kinder ist es von besonderer Bedeutung, dass mangelnde Konzentration die Wahrnehmungsfähigkeit beeinträchtigt, Eingangskanäle blockiert oder Gelerntes in die falschen Verknüpfungen bringt. Zu lernen, dass man Störfaktoren ausblenden oder abwehren kann, aktiv zuzuhören oder genau zu sehen, kann man durch viele spielerische Aktivitäten üben (s. Literatur). Hierzu einige Beispiele auf Seite 31/32.

Literatur

Endres, W. & E. Bernhard: Voll bei der Sache — Das Konzentrationsprogramm für Kinder; Kösel Verlag, München 1994

Keller, G.: Lernen, Denken, Entspannen; Auer, Donauwörth 1996

Klampfl-Lehmann, I.: Der Schlüssel zum besseren Gedächnis; Delphin-Verlag, München, 1986

Klausnitzer, J. E.: Der IQ-Selbsttest; Heyne-Verlag, München 1995

Kohl, K.: Lustige Konzentrationsspiele; Rüdiger Kohl Verlag, Niederzier 1994

Oppolzer, U.: Das große Brain-Fitness-Buch; Humboldt, München 1997

Vollmer, G. & G. Hoberg: Lernen, Behalten, Anwenden; Klett, Stuttgart 1994

i ► Lösung zu Seite 31/32

1. 24. Die Zahlen sind jeweils um 3 größer.
2. Wal (Säugetier, die anderen sind Fische)
   Aal (Fisch, alle anderen sind Säugetiere)
   Einstein (Physiker, alle anderen sind Komponisten)
   Washington (amerikanische Stadt, alle anderen sind deutsche Städte)
   Lesen (die anderen Tätigkeiten sind Sport)
3. 22
4. Maulwurf
5. 30 Quadrate
   (16 Einer, 9 Vierer, 4 Neuner, 1 Gesamt)
6. 2; 4; 1; 4
7. 6 + 17 = 23; 13 − 4 = 9; 17 + 15 = 32;
   17 − 12 = 5; 22 : 11 = 2; 3 x 8 = 24;
   36 : 12 = 3
8. 3 (horizontales Spiegelbild des ersten Symbols.
9. ASDE**N**SDFRF // BNGZT**N**JNL // ÖPLO**N**IJUHGT // NHZBGTV**N**RG // NHZ**N**POXSW // KIUJLO**N**ÖÄU
10. 3 (1 + 2 und 4 + 5 sind entgegengesetzte Paare)
11. Die Zahlen des innersten Kreises werden mal 4, die des mittleren mal 2 genommen. Es fehlen im Uhrzeigersinn von außen nach innen:
    32, 8; 16, 8; 60; 24.
12. 4 (nur hier gibt es Kreis und Quadrat als Element)
13. utcm~~a~~jonhfnki~~a~~mtlzuynqebfwul
    kbrf~~a~~qvjnei~~as~~edrftg~~cd~~fv~~lmuv~~ert
    ~~stfghj~~ogy~~as~~edrftgzhuji~~kl~~öäpm~~kld~~
    ~~e~~cf~~ghabc~~f~~rstijop~~öäüm~~kl~~b~~gtab~~gt~~s~~q
    gt~~s~~yxzä~~d~~h~~jk~~moq~~s~~uw~~st~~nbgtk

Gedächtnis- und Konzentrationstraining (1)

Arbeite die folgenden Aufgaben möglichst zügig aber nicht überhastet durch. Übergehe „schwere“ Aufgaben weder zu schnell noch verwende allzu viel Zeit auf sie. Notiere am Ende, wie viel Zeit du auf die Durcharbeitung verwendet hast.

1. Setze die fehlende Zahl ein:
   9 12 15 18 21 ?

2. Unterstreiche in jeder Zeile das Wort, das nicht zu den anderen passt.

   Forelle Hering Wal Hai Stichling

   Hund Katze Maus Aal Löwe Giraffe

   Bach Einstein Mozart Beethoven Händel

   München Hamburg Washington Bonn

   Leichtathletik Lesen Schwimmen Boxen

3. Wie viele Wörter enthält der folgende Text?

   DERWALZENFÖRMIGEKÖRPERUNDDERS
   PITZZULAUFENDEKOPFERLEICHTERNDIE
   WÜHLARBEITDABEIDRÜCKTDERMAUL
   WURFMITSEINENSCHAUFELHÄNDENDIE
   LOCKEREERDEBEISEITE

4. Welches Tier wurde in dem Text der Aufgabe 3 beschrieben?

   ____

5. In der folgenden Fläche stecken mehr Quadrate als du auf den ersten Blick siehst. Wie viele Quadrate in unterschiedlicher Lage und Größe findest du?

6. Streiche die Figur durch, die nicht zu den anderen passt.

7. Symbolrechnen: Löse die Aufgaben

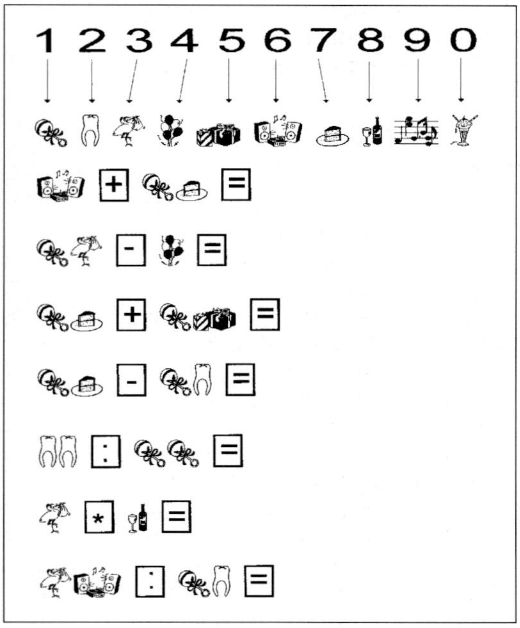

Gedächtnis- und Konzentrationstraining (2)

8. In jeder Reihe stehen die Figuren in einer bestimmten Anordnung. Die dritte Reihe ist unvollständig. Wähle unter den 6 Symbolen die richtige Anordnung aus.

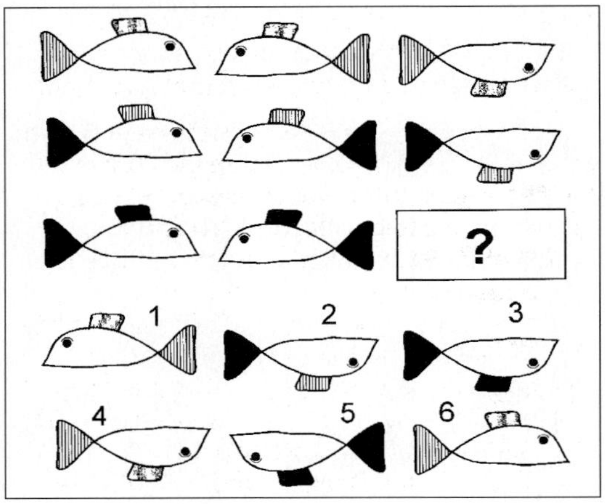

9. In den folgenden Buchstabenreihen stand links und rechts das gleiche. Leider hat sich der Druckfehlerteufel eingeschlichen. Streiche in der rechten Spalte die abweichenden Buchstaben durch.

ASDEWSDFRF	ASDENSDFRF
BNGZTUJNL	BNGZTNJNL
ÖPLOKIJUHGT	ÖPLONIJUHGT
NHZBGTVFRG	NHZBGTVNRG
NHZÖPOXSW	NHZNPOXSW
KIUJLOPÖÄÜ	KIUJLONÖÄÜ

10. Streiche die Figur durch, die nicht zu den anderen passt.

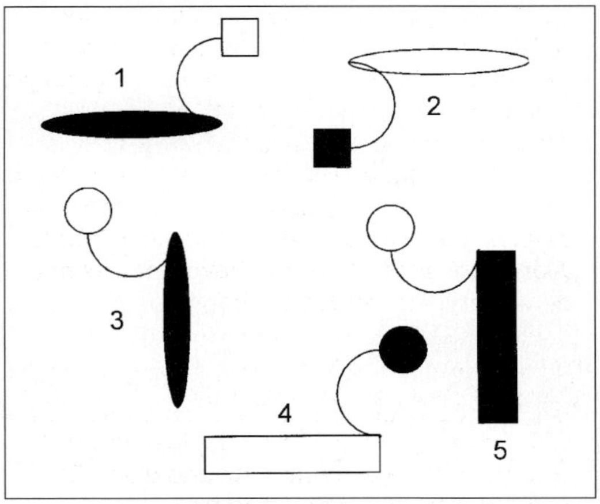

11. Welche Zahlen fehlen?

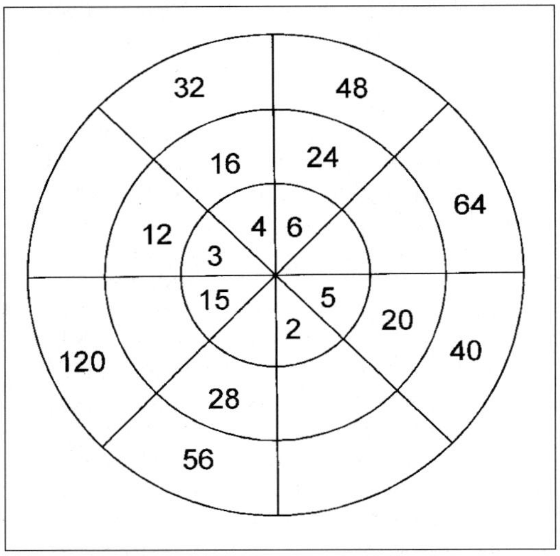

12. Suche unter den nummerierten Figuren die richtige heraus.

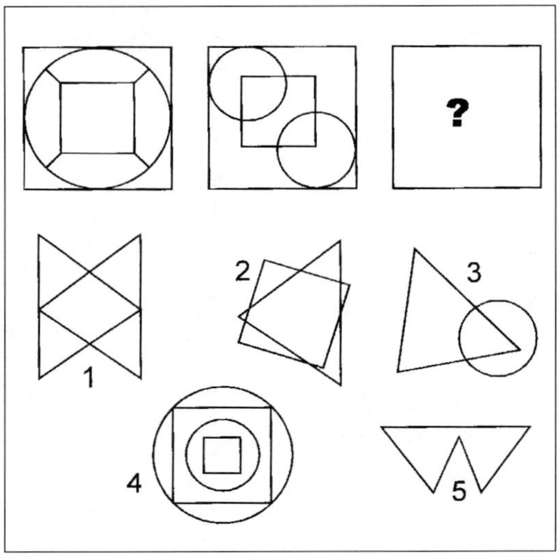

13. Streiche im folgenden durch: den Vokal a, den Konsonanten s und Buchstabenpaare, die auch im Alphabet aufeinander folgen, wie z. B. cd oder mn.

utcmajonhfnkiamtlzuynqebfwul
kbrfaqvjneiasedrftgcdfvlmuvert
stfghjogyasedrftgzhujiklöäpmkld
ecfghabcfrstijopöäumklbgtabgtsq
abgtsyxzädehjkmoqsuwstnbgtk

10 Wahrnehmung

Für die meisten Prozesse des schulischen Lernens sind die optische und die akustische Wahrnehmung von Bedeutung. Wahrnehmung ist das Bewusstwerden dessen, was über die Sinne zu uns gelangt. Als Beispiel für das Phänomen der visuellen Wahrnehmung kann das berühmte Bild genannt werden, auf dem ein Baby zu sehen ist, das auf einer Glasplatte über einem tiefen Abgrund krabbelt. Das Baby hat noch keinerlei Erfahrung mit der Dreidimensionalität, der Gefahr des Abstürzens oder der Tiefe des Raumes. Ein weiteres Beispiel ist, dass es beim Treppensteigen nicht genügt, zu sehen „Da ist eine Stufe!". Wir müssen auch einschätzen, wie hoch die Stufe ist, um das Bein genügend weit anzuheben, sodass wir nicht stolpern. Die optische Wahrnehmung ist mehr als das fotografische Bild der Umgebung, da unser Gedächtnis bei der Speicherung bereits eine Interpretation vornimmt. Helfen wir unserem Gedächtnis bei diesem „Sortiervorgang", lässt sich mehr speichern.

Hörfehler beeinträchtigen das Verständnis und verzögern die Mitarbeit. Obgleich nur 20 % des Gehörten behalten wird, kann dies durch Kombination von Hören und Sehen bereits auf 50 % gesteigert werden. Eine weitere Verbesserung wird erreicht, wenn die Möglichkeit besteht, Rückfragen zu stellen, da hier Gehörtes in eigene Worte gefasst werden muss. Hinzu kommt, dass durch den Dialog die Informationen präzisiert und Missverständnisse ausgeräumt werden. Der Fragende kann Einfluss auf die Redegeschwindigkeit des Sprechers nehmen, sich fremde Begriffe erklären lassen und sie so leichter speichern.

Schülerinnen und Schüler können in den folgenden Projektbausteinen auch eigene Erfahrungen beim Sehen und Hören machen und diese z. B. in einer Plenumsdiskussion beschreiben.

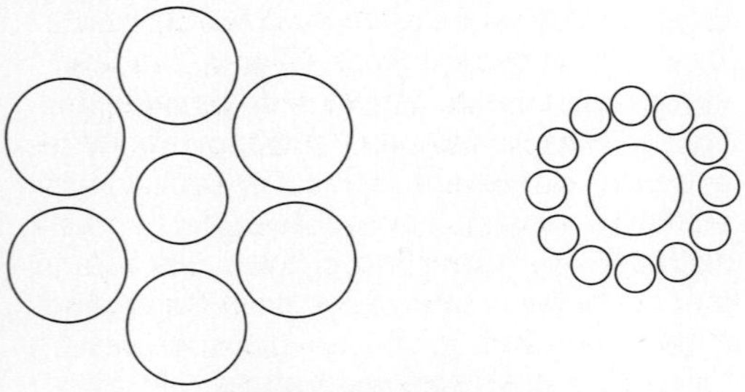

optische Täuschungen

i ► Normalisieren der Blickspanne

Bei Kindern sieht man häufig, dass der Finger oder Gegenstände als „Lesekrücken" dienen. Dies reduziert die Lesegeschwindigkeit ebenso wie das Buchstabieren, Wort-für-Wort-Lesen und Vokalisieren (Mitsprechen).

In Kleingruppen stellen Schüler in einer 8-spaltigen Tabelle Wortlisten (je Spalte 20 Worte) auf dem Computer (keine Handschrift!) zusammen, die folgende Kriterien erfüllen:

- In einer Spalte werden 5- bis 7-buchstabige Worte gesammelt (z. B. Haare usw.).
- Die nächste Spalte enthält 7- bis 10-buchstabige Namen (z. B. Richard usw.).
- In die dritte Spalte kommen 8- bis 10-buchstabige, bekannte Substantive (z. B. Sendezeit, November usw.).
- In der vierten Spalte stehen 10- bis 12-buchstabige, lange, ungewöhnliche Worte (z. B. Strafkammer, Geigerzähler usw.).
- Die fünfte Spalte enthält 14- bis 17-buchstabige Worte (z. B. Glasversicherung usw.).
- In der sechsten Spalte sind die Worte 17 bis 20 Buchstaben lang (z. B. Herstellungskosten, Rekordbeteiligung, usw.).
- In der siebten Spalte stehen noch längere Worte oder kurze Sätze (z. B. Wirtschaftskontrolldienst, Er riss einige Probleme an ...)
- Zum Schluss werden längere Wortkombinationen, die nicht unbedingt einen Satz ergeben müssen, in eine Zeile geschrieben (z. B. nach Abschluss der Verhandlungen, hiervon entfallen acht Millionen auf,...)

Eine Spalte nach der anderen wird mit der „Blitzlesetechnik" bearbeitet. Dazu eine kleine Karteikarte zwischen Daumen und Zeigefinger beider Hände klemmen, das Wort oder die Wortgruppe je Zeile zunächst mit der Karte abdecken. Jede neue Zeile nur kurz aufblitzen lassen. Das „Blitzlesen" muss behutsam von Zeile zu Zeile gehen, damit man das nächste Wort nicht schon erkennt, bevor man es mit der „Blitzkarte" abdecken kann.

i ► Optische Täuschungen

Eine Projektgruppe kann Beispiele für optische Täuschungen sammeln und diese Besonderheiten der Wahrnehmung vorstellen.

i ► Fotosafari

Jeder Schüler darf mit dem Fotoapparat ein Bild machen. Es werden keine Vorgaben über die Größe des Gegenstandes, der fotografiert werden soll, gemacht. Vorgabe ist nur, dass sich das Objekt im Schulbereich befinden muss, bei genauerem Hinsehen markant ist und dass jeder sein Bild wiederfindet, wenn der komplette Film entwickelt ist. Die Bilder werden an die Wand gepinnt und alle Schüler bekommen eine Liste, in der sie kurz beschreiben, wo die Bilder der anderen aufgenommen wurden und was sie zeigen.

An einem Schulfest lässt sich ein solcher Wettbewerb auch mit einer Preisverleihung für denjenigen verbinden, der die meisten Bilder richtig zuordnen kann.

5-Schritt-Lesetechnik

1. Grob überfliegen und Übersicht gewinnen
2. Fragen stellen: Was weiß ich schon? Welche Begriffe kenne ich nicht?
3. Gründliches Lesen und Verstehen
4. Das Wichtigste in eigenen Worten zusammenfassen
5. Abschließend kurz wiederholen und offene Fragen klären

i ► Sehspiele (Seite 35)

Mit Fehlersuchbildern (Original und Fälschung), Labyrinthen und Beobachtungsaufgaben lässt sich das genaue Hinsehen und systematische Einprägen trainieren. Eine Gruppe kann kurze Zeit eine detaillierte Abbildung betrachten und dann Fragen dazu beantworten. Stellt man die Fragen unsystematisch, ändert sich das Ergebnis.

i ► Die Sache mit Kenge

Der Text kann auf zweierlei Weise benutzt werden. Die Projektgruppe sucht eine Erklärung dafür, dass Kenge die Büffel mit Insekten vergleicht. Das Beispiel zeigt sehr deutlich den subjektiven Charakter der Wahrnehmung. Die Schüler ergänzen eigene Erfahrungen.

Man kann den Text auch benutzen, um die Fünf-Schritt-Lesetechnik zu üben und erst danach zum Inhalt übergehen.

► Die Sache mit Kenge

Kenge ist ein Ba-Mitschi-Pygmäe. Er lebt in einem Gebiet des tropischen Urwalds, der dort so dicht ist, dass die Eingeborenen selten mehr als ein paar Meter ihrer Umgebung sehen können. Dr. Turnbull — ein bekannter Psychologe — schildert Kenges erste Erfahrungen mit der offenen Ebene: „Einige Meilen entfernt graste eine Herde von etwa 100 Büffeln. Kenge fragte mich, was für Insekten das seien. Ich erwiderte daraufhin, dass es sich dabei um Büffel handele, die etwa zweimal so groß sind wie die Waldbüffel. Kenge lachte laut und bat mich, nicht solche dummen Geschichten zu erzählen. Laut mit sich selbst redend erklärte er mich für nicht ganz zurechnungsfähig und versuchte weiterhin, die Büffel mit bekannten Käfern oder Ameisen zu vergleichen. Als wir mit dem Auto auf die Herde zufuhren, wurde er immer stiller und rückte nah an mich heran. Obgleich er genauso mutig war, wie alle anderen Pygmäen, murmelte er etwas von Hexerei, und als er endlich feststellte, dass es sich um echte Büffel handelte, zeigte er zwar keine Furcht mehr, war aber immer noch davon überzeugt, dass hier irgendeine Art von Betrug im Spiel gewesen sei. ...
(nach SEIFFGE-KRENKE, aus VOLLMER, 1994)

i ► Hören mit Störungen

Mangelnde Konzentration führt zum „Abschalten“: Während in einer Gruppe ein Text vorgelesen wird, steht ein Gruppenmitglied auf, fängt an, in der Tasche zu kramen, trinkt etwas, geht zum Papierkorb und anschließend zum Freund und zur Feundin (alle Aktionen sind vorher abgesprochen und der „Störenfried“ lässt sich durch keine Ermahnung beirren).

Die Gruppenmitglieder notieren, was sie gehört haben, vergleichen mit dem Text und dem Ergebnis einer ungestörten Gruppe.

i ► Hören und Rückfragen

Der gleich Text wie oben (► *Störungen)* wird in einer anderen Gruppe vorgelesen. Anschließend können eine bestimmte Zeit lang dazu Fragen gestellt werden. Dabei kann auch der Unterschied zwischen echten Wissens(rück)fragen und „Spitzfindigkeitsfragen“, die wenig sinnvoll sind, verdeutlicht werden. Die Gruppenmitglieder notieren, was sie gehört haben.

i ► Hörspiele (Seite 36)

In Partnerarbeit kann die Projektgruppe erfahren, wie wichtig Rückfragen für den Erfolg bei der Umsetzung von Gehörtem sind.

Beispiellösung zu Hörspiel

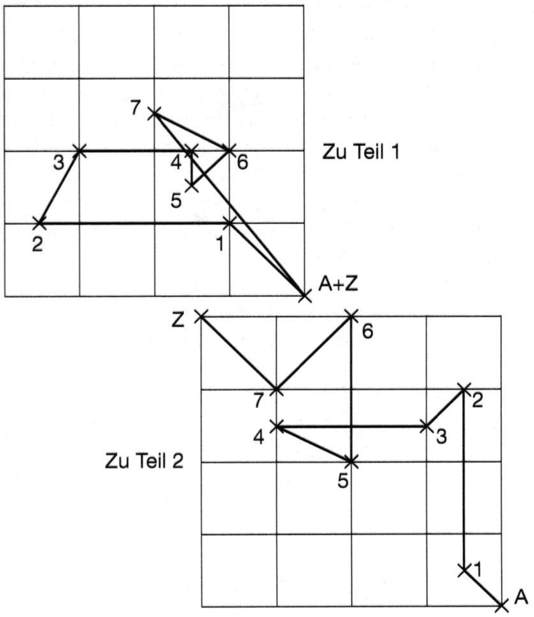

Literatur

OTT, E.: Optimales Lesen, Rowohlt, Reinbeck 1972
VOLLMER, G.& G. HOBERT: Top-Training Lernen, Behalten, Anwenden, Klett-Verlag, Stuttgart 1991
ZIELKE, W.: Schneller lesen — intensiver lesen — besser behalten, Mvg, Landsberg 1983

► Sehspiel

Hörspiele

Für den Test benötigst du einen Partner oder eine Partnerin, der du die folgenden Anweisungen vorliest. Im ersten Teil darfst du keine Rückfragen beantworten, auch wenn deine Testperson noch so ärgerlich wird. Erst im zweiten Teil kannst du auf Fragen auch Erklärungen geben. Deine Testperson erhält den unteren Teil dieses Blattes und soll gemäß deinen Anweisungen eine durchgehende Linie einzeichnen.

Teil 1
- Der Ausgangspunkt ist rechts unten.
- Punkt 1 ist die Ecke des ersten Kästchens, die A diagonal gegenüberliegt.
- Punkt 2 befindet sich zweieinhalb Kästchenlängen links davon.
- Punkt 3 ist in der rechten oberen Ecke
- Punkt 4 liegt eineinhalb Kästchenlängen rechts davon.
- Punkt 5 ist eine halbe Kästchenlänge unterhalb.
- Punkt 6 ist in der rechten oberen Ecke des gleichen Kästchens.
- Punkt 7 ist auf der Mitte der linken Seite des links oben angrenzenden Kästchens.
- Der Zielpunkt ist zweieinhalb Kästchenlängen darunter und zwei Kästchenlängen nach rechts.

Teil 2
- Der Ausgangspunkt ist rechts unten.
- Punkt 1 liegt in der Mitte des ersten Kästchens.
- Punkt 2 ist zweieinhalb Kästchenlängen höher.
- Punkt 3 liegt auf der Mitte der linken Seite des Kästchens darunter.
- Punkt 4 findest du zwei Kästchenlängen weiter links.
- Punkt 5 ist im rechten unteren Eck des Kästchens rechts davon.
- Punkt 6 liegt zwei Kästchenlängen höher.
- Punkt 7 ist in der diagonal entgegengesetzten Ecke des linken Kästchens.
- Zum Zielpunkt gehst du eine Kästchenlänge nach links und eine nach oben.

✂ Bitte hier abschneiden und an die Testperson geben. ✂

Befolge die Anweisungen genau und zeichne eine durchgängige Linie.

Teil 1: Hier sind keine Äußerungen, Zwischenbemerkungen und keine Rückfragen erlaubt.

Teil 2: Jetzt darfst du auch Fragen stellen.

11 Planung

Planen lässt sich in allen Fächern üben. Vor allem eigene Aktivitäten müssen geplant werden, wie
- Interviews,
- Rollenspiele,
- Umfragen,
- Orientierungslauf,
- Kartierungen . . .

i ▶ Planung von Experimenten

Um mit einem Experiment eine eindeutige Antwort auf die Ausgangsfrage zu bekommen, muss es im voraus gut geplant und im Ablauf exakt protokolliert sein. In einem naturwissenschaftlichen Protokoll müssen verschiedene Sachverhalte beachtet werden, die andere Protokolle (etwa Verlaufs- oder Ergebnisprotokolle einer Unterrichtsstunde) nicht beinhalten. Auch ein Protokoll bedarf damit einer bestimmten Planung.

Anhand einfacher Untersuchungen (z. B. Mikroskopieren, Nährstoffnachweisen, . . .) wird Planung und Protokollierung in Kleingruppen geübt. Wenn zeitlich und thematisch möglich, ist es interessant, dass z. B. Leistungskursschüler in Klasse 7 Kleingruppen beim Experimentieren betreuen.

i ▶ Gedächtnislandkarte

Für bestimmte Lernsituationen und auch für die Planungsphase eines Projektes oder Experimentes wird sich das Aufstellen einer Gedanken- oder Gedächtnislandkarte *(Mindmapping)* anbieten. Auftauchende Gedanken oder Schlüsselbegriffe werden aufgeschrieben, jedoch nicht linear untereinander oder nebeneinander, sondern so, dass sie durch Pfeile oder Linien in einen Zusammenhang gebracht werden können. Dadurch wird die netzartige Struktur des Wissens deutlich.

Das zentrale Thema steht deutlich hervorgehoben in der Mitte. Je weiter verzweigt ein Unterpunkt ist, desto mehr Strahlen oder Äste gehen von dem Hauptgedanken ab. Ergeben sich aus verschiedenen Richtungen Überschneidungen, können die Strahlen oder Äste auch auf gemeinsam eingekreiste Punkte zuführen. Eine Gedächtnislandkarte kann in unterschiedlichen Situationen zur planvollen Strukturierung eingesetzt werden.

Literatur

Fuchs, H. & W. U. Graichen: Bessere Lernmethoden, Orbis Verlag, München 1994

Svantesson, I.: Mind-Mapping und Gedächtnistraining, Gabal, Offenbach 1996

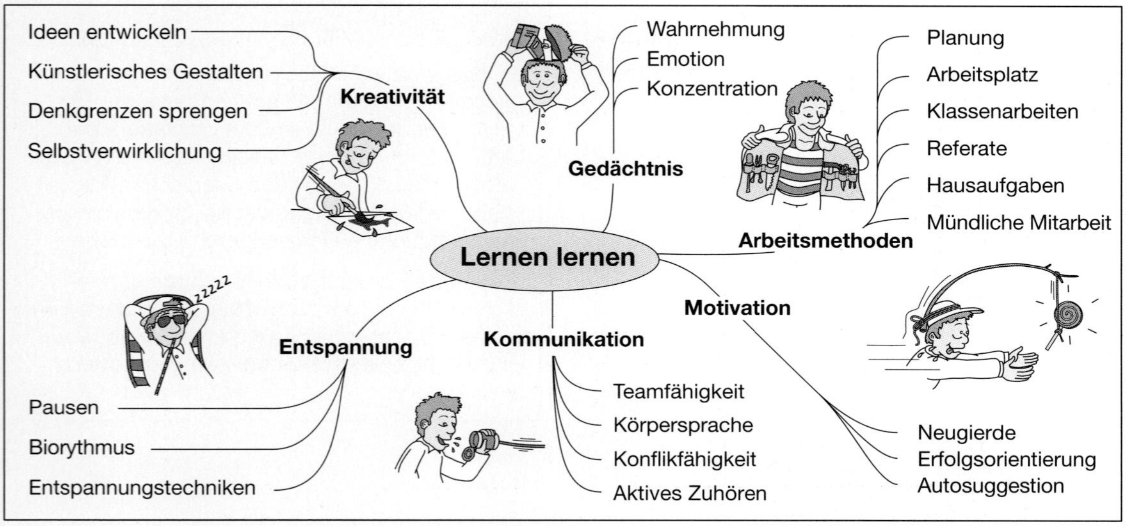

12 Konzentrationstraining

Wenn ein Schüler sich nicht oder nicht besonders gut konzentrieren kann, heißt das, dass er es nicht schafft, seine ganze Aufmerksamkeit für längere Zeit auf die gleiche und nur diese Sache zu richten und die nächste erst dann anzufangen, wenn die erste abgeschlossen ist. Die ▶ *Umspringbilder* und die ▶ *Schwarze Magie* lassen Schüler das Phänomen „Konzentration“ bewusst erleben.
Wie man dem Konzentrationsmangel durch einfache Tricks entgegen wirken kann, wird in einer Ideenliste gesammelt (▶ *Ideen in der Lostrommel*). Die Tricks können dann in einer zweiten Phase ausprobiert und letztlich bewertet werden.

Nicht ablenken lassen (Arbeitsanweisung für Partnerarbeit)
Nimm ein Stück DIN A4-Papier zwischen Daumen und Zeigefinger und wette mit deinem Freund oder deiner Freundin, dass du es dir nicht eintreißen lässt. Konzentriere dich nur auf deinen Daumen und Zeigefinger. Mach dann den umgekehrten Versuch, lenke ihn oder sie ab, indem du verzwickte Fragen zu Vorkommnissen aus der letzten Zeit stellst und dabei ganz plötzlich am Papier ziehst.

i ▶ Ideen in der Lostrommel

Ideen zur Förderung der Konzentration werden auf kleine Zettel geschrieben und in eine große „Lostrommel“ gelegt. Sind so viele „Lose“ vorhanden, wie Schüler in der Klasse sind, muss jeder ein Los ziehen und „Werber“ für seine Idee werden. Dazu sollte er sie natürlich auch selbst ausprobiert und möglichst viele Argumente dafür gesammelt haben.

i ▶ Schwarze Magie

Die „Macht der Konzentration“ kann man mit einem Schlüssel an einem nicht zu langen Faden oder einem Anhänger an einem Schmuckkettchen kennenlernen: Hält man Faden oder Kettchen zwischen Daumen und Zeigefinger und stützt den Ellbogen auf die Tischplatte, so kommen Schlüssel oder Anhänger nach einiger Zeit zur Ruhe. Zu beachten: Dazu muss man innerlich auch ganz ruhig werden, denn das „Pendel“ funktioniert wie eine Art Seismograph. „Kraft der Gedanken“ kann man das „Pendel“ dann wieder in Bewegung versetzen. Hier darf man das Pendel nicht manipulieren und mit kleinen Bewegungen der Hand „anstoßen“ wollen. Es bewegt sich wie von alleine, wenn man seine gesamte Konzentration darauf verwendet!

i ▶ Konzentrationsübungen (Seite 39)

Die Konzentrationsübungen sind eine Auswahl aus einer Vielzahl möglicher Typen. Die Materialien können „Ideenlieferant“ für die Schüler sein, derartige Konzentrationsaufgaben für andere zu erfinden.

Lösungen:
1. Die Lösungszahl ist 20.
3. Herr Becker besitzt die Schildkröte.

i ▶ Umspringbilder

In verschiedenen Büchern zu sinnesphysiologischen Phänomenen sind sogenannte *Umspringbilder* dargestellt, die nicht jeder auf Anhieb „umspringen“ lassen kann. Auch die versteckten 3D-Bilder des „Magischen Auges“ sieht man in der Regel erst bei intensiver Konzentration und gleichzeitiger Entspannung.

Für kurze Konzentrationsübungen können solche Bilder benutzt werden, ohne dass Einzelne dazu irgendeinen Kommentar abgeben dürfen. Der Betrachter soll sich nur notieren, was er sieht.

Literatur

siehe Projektbaustein 9, Gedächtnistraining

Konzentrationsübung 1
Gehe in der Abbildung den direkten Weg vom Start zum Ziel. Berechne die Summe aller Punkte, die auf deinem Weg liegen.

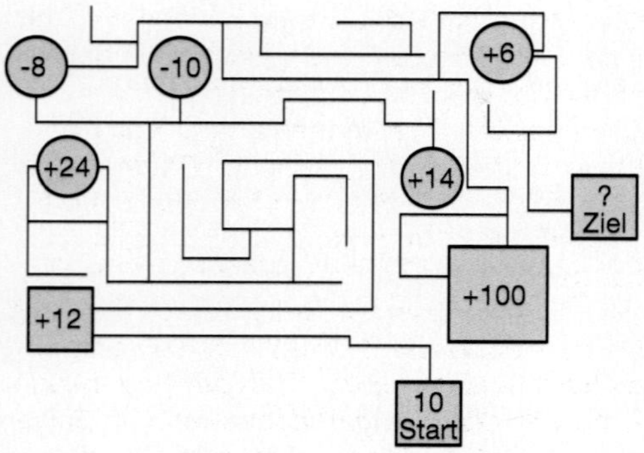

Konzentrationsübung 2
Male die Figur mit fünf Farben so aus, dass zwei Felder gleicher Farbe keine gemeinsame Kante haben.

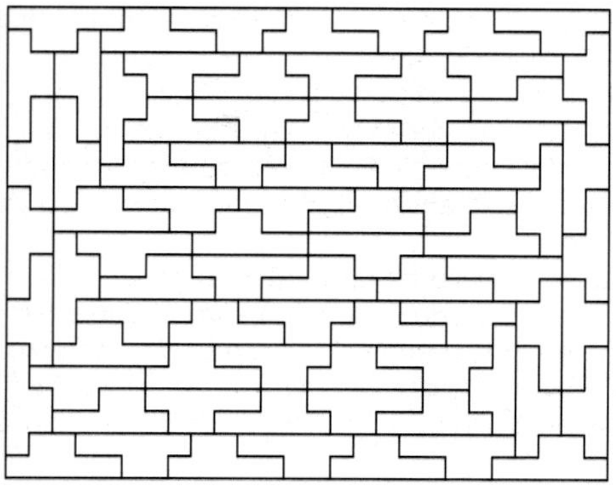

Konzentrationsübung 3
Felix betreut die Haustiere der Nachbarn. Er hat fünf Schlüssel zu den fünf Wohnungen bekommen. Als sein Freund Oskar ihn in den Ferien besucht, stellt er ihm folgendes Rätsel:

1. Der Schlüssel Nr. 2 passt zur ersten Tür links.
2. Die Haustür zu Herrn Meyers Wohnung ist rechts.
3. Die $4^{1}/_{2}$-Zimmer-Wohnung gehört Herrn Meyer.
4. Die mittlere Haustür ist dunkelgrün.
5. Zur $4^{1}/_{2}$-Zimmer-Wohnung gehört ein Hund.
6. Mit dem Schlüssel Nr. 3 wird die rote Tür zur $5^{1}/_{2}$-Zimmer-Wohnung geöffnet.
7. Die $4^{1}/_{2}$-Zimmer-Wohnung und die $5^{1}/_{2}$-Zimmer-Wohnung liegen nicht nebeneinander.
8. Herr Müller besitzt die $2^{1}/_{2}$-Zimmer-Wohnung.
9. Katze und Hund leben nebeneinander.
10. Herr Müller hält sich eine Katze als Haustier.
11. Der Fisch gehört in die 4-Zimmer-Wohnung und lebt neben der Katze.
12. Herr Schneider besitzt einen Papagei.
13. Hinter der gelben Haustür findet man nicht die Schildkröte.
14. Zur gelben Haustür passt Schlüssel Nr. 5.
15. Herr Michel öffnet seine Haustür mit Schlüssel Nr. 1.
16. Der Schlüssel Nr. 4 passt nicht nur hellbraunen Tür.
17. Eine Haustür ist dunkelbraun.
18. Eine Wohnung hat 2 Zimmer.

Welches Haustier gehört zu Herrn Becker?

13 Entspannung

Unruhige, unkonzentrierte, impulsive, angespannte, erregte oder aufgeregte Schüler einerseits, auf sich selbst zurückgezogene, in sich gekehrte und geistig abwesende Kinder andererseits überwiegen insbesondere in großen Klassen. Durch chronische Überreizung dominiert der Sympathicus, der aktivierende Anteil des vegetativen Nervensystems. Dadurch bedingt steigen Unruhe und Stress, die Unkonzentriertheit nimmt zu, Denk- und Merkblockaden beeinträchtigen das Lernvermögen. Häufig kommt es auch zu Verhaltensauffälligkeiten, wie Hyperaktivität oder Isolation und Depression. Entspannungsübungen können dem entgegenwirken. Beherrscht man sie, erhöht sich die Konzentrationsfähigkeit und Aufmerksamkeit.

Bevor man mit Schülern Entspannungstechniken einübt, sollte man sie selbst erprobt haben, sicher beherrschen und ruhig vermitteln können. Das trifft besonders auf die erfolgreichen Entspannungstechniken ► *Autogenes Training* und ► *Progressive Muskelentspannung* zu. Die Einübung dieser Techniken kann Inhalt eines Projekts sein. Bei Bedarf helfen die Mitarbeiter des schulpsychologischen Dienstes, der Volkshochschulen oder – falls entsprechend ausgebildete Eltern in der Klasse sind – auch Privatpersonen. Es müssen aber nicht immer und unbedingt wissenschaftlich fundierte Verfahren praktiziert werden, manchmal hilft es auch einfach, Pausen zu machen, gymnastische Lockerungsübungen zu kennen, spontan zu singen oder einfach einmal einen Witz erzählen zu lassen.

In der Schule lassen sich Entspannungsübungen schlecht auf dem Fußboden durchführen. Werden keine gymnastischen Bewegungen gemacht, sind viele Übungen auch im Sitzen möglich: Entweder in der bekannten Droschkenkutscherhaltung (Kopf leicht nach vorne hängen und angewinkelte Beine gemütlich auseinander fallen lassen, Arme unverkrampft auf die Oberschenkel auflegen) oder auch „auf den Tisch gelümmelt" (Oberkörper nach vorn geneigt, Kopf auf die Arme gelegt).

Wie fühlst du dich, wenn du lange gelernt hast?

Besonders gut kann ich mich entspannen, wenn ich . . .

Was empfindest du vor einer Arbeit?
Entspannung ist . . .

i ► Impulskärtchen

Impulskärtchen werden von den Schülern einer Projektgruppe beschriftet und an die Tafel geklebt. Zum Thema „Anspannung" werden im Schreibgespräch die typischen körperlichen und psychischen Stresssymptome genannt. In Lexika und Biologiebüchern kann das überprüft und vertieft werden. Auf der Entspannungsseite ergänzt die Gruppe die meist einseitig in die Freizeit gerichteten Aktivitäten – die nicht immer wirklich entspannen – durch solche, die auch im Schulalltag machbar sind und im Folgenden geübt werden können.

i ► Atemtechniken erproben

Aufregung führt zur Verspannung und hastigem Atmen, wodurch wichtige Organe unzureichend mit Sauerstoff versorgt werden. Dem kann man entgegenwirken.

Oberflächliche Brustkorbatmung wird durch Bauchatmung ersetzt. (Die Versuchsperson legt im Sitzen die Hände auf den Bauch und atmet bewusst in die Hände.)

Die Yoga-Atmung kann auch beim ausdauernden Lauf eingesetzt werden. (Die Versuchsperson atmet 2 s ein, hält die Luft 4 s an und atmet 2 s wieder aus; beim Laufen: auf zwei Schritte ein- und auf vier Schritte ausatmen.)

Durch Suggestion werden Ruhebilder erzeugt. (Die Versuchsperson schließt die Augen, atmet ruhig, stellt sich beim Einatmen vor, wie sie mit der Meeresdünung gehoben und beim Ausatmen wieder gesenkt wird.)

i ► Augenentspannung

Beim Lernen wird überwiegend das visuelle System gefordert und antwortet nicht selten mit Kopfschmerzen. Entspannende Augenübungen sind:
- Augen zusammenkneifen;
- Augen rollen;
- in die Augenwinkel schauen (ohne den Kopf zu bewegen);
- Augen wärmen (Handflächen reiben und damit etwa 2 Minuten die Augen bedecken).

i ▶ Gesichtsentspannung

Verspannung kann so intensiv werden, dass sie im Gesichtsausdruck zu erkennen ist. Einfache Tricks, dies zu verhindern, sind:
- Grimassen schneiden;
- Augenbrauen heben und senken;
- Wangen aufpusten oder einsaugen;
- Kussmund machen;
- Kaugummi kauen;
- Unterkieferkreisen;
- bestimmte Gesichtspartien mit den Fingerspitzen massieren;
- Nase rümpfen, Stirn hochziehen.

i ▶ Entspannung mit Gymnastik

Wichtig ist, dass vorher geklärt wird, ob alle Kinder am Schulsport teilnehmen und ob bestimmte Übungen nicht gemacht werden dürfen.
- Aufrecht stehend gedachte Äpfel von der Decke pflücken;
- abwechselnd Beugen (bei durchgedrückten Knien mit den Fingerspitzen die Zehen berühren) und dann wieder beide Arme senkrecht nach oben strecken;
- Kniebeugen;
- auf der Stelle laufen.

Das Gymnastikprogramm auf kleinster Fläche kann durch gute Tipps der Sportlehrer ergänzt werden.

Stimmt das Zitat?
„Besonders bei männlichen Jugendlichen widerspricht Entspannung dem Körperselbstbild. Sie wollen überlegen sein, cool wirken, sich über körperliche Kraft oder sportliches Aussehen definieren. Entspannung assoziieren sie mit Schwäche, Hilflosigkeit, Unterlegenheit und Sich-ausliefern." (PETERMANN, 1999)

i ▶ Phantasiereisen

Wesentlich ist hier, dass der Vortragende in die Technik eingeübt ist. Da nicht jeder Lehrer dazu die Zeit findet, kann man auf fertig besprochene und mit entspannender Musik versehene Kassetten zurückgreifen.

i ▶ Entspannen mit Musik

Nicht jede Art von Musik entspannt, aber: Langsame Sätze von Bach, Händel oder Vivaldi mit etwa 60 Taktschlägen pro Minute sollen im Gehirn den sogenannten „Alphazustand" hervorrufen, der im EEG sichtbar ist und die goldene Mitte zwischen hektischer Überreizung und Langeweile darstellt. Herzschlag, Puls und Atmung können sich dem vorgegebenen musikalischen Takt anpassen (Negativbeispiele dazu liefern die völlige Überreizung des Organismus durch Techno oder vergleichbare Musik mit hohen Schlagfrequenzen, die bis zum musikinduzierten Kreislaufkollaps führen können.)

Für die Entspannungsübung sind 5 bis 10 Minuten vorzusehen, in denen sich die Versuchsperson bequem hinsetzt oder legt, die Augen schließt, sich auf die Musik konzentriert und sich von ihr tragen lässt. Entsprechende moderne Musik (Panflöte, etc.) eignet sich auch, um die Hirnwellen zu beeinflussen.

i ▶ Schildkröten-Phantasie-Verfahren

Im Mittelpunkt dieses Verfahrens steht das Vorstellungsbild „Schildkröte". Das Bewegungsspiel eignet sich für sehr junge Schüler (Grundschule, unter Umständen 5./6. Klasse). Die Besonderheiten der Schildkröte werden imitiert: langsames Gehen, leise und aufmerksam sein, sich beim Anstoßen in den Panzer zurückziehen. (PETERMANN 1999)

„Hast du Nöte, denk an die Schildkröte!"

i ▶ Nacken entspannen

Durch längeres Sitzen mit starrer Kopf-Nacken-Haltung werden die Muskeln überanstrengt. Zur Lockerung dienen:
- Nackenmassage (Hände im Nacken verschränken und mit dem Daumen die verspannten Bereiche massieren);
- Nackendehnung (bei geradem Rücken mit den verschränkten Händen den Kopf nach unten drücken);
- Malen mit der Nase (mit der Nasenspitze werden gedachte Buchstaben, Kreise oder Dreiecke in die Luft gemalt).

Diese Übungen lassen sich am besten mit geschlossenen Augen durchführen.

i ▶ Progressive Muskelentspannung

Dies ist ein leicht erlernbares, einfaches Entspannungsverfahren. Es eignet sich als Einstieg und hat als Ziel die Lockerung der willkürlichen Muskelgruppen. Es beruht darauf, dass kurz und intensiv angespannte Muskeln rasch ermüden und sich dann schwer und warm anfühlen; werden die Muskelgruppen nacheinander auf diesem Weg bearbeitet, entsteht ein entspannter Gesamtzustand.

Man setzt sich auf einen Stuhl mit Rückenlehne, nimmt die Droschkenkutscherhaltung ein oder legt sich zuhause auf eine bequeme aber gerade Unterlage. Die Augen sind geschlossen. Die Muskelpartien werden zuerst für 15 s angespannt, dann für 45 s entspannt (Zeitgefühl kann durch langsames Zählen entwickelt werden).

Die Anspannungsübungen sind:
- *Finger:* Die Arme ausstrecken, Handfläche nach unten und die Finger in Richtung Kopf biegen.
- *Hände:* Die Faust ballen wie zum Knacken einer Nuss (kann verbunden sein mit Anheben der Arme).
- *Oberarme:* Beide Oberarme seitlich gegen den Körper pressen.
- *Rücken:* Die Schulterblätter zusammenziehen.
- *Schultern:* Beide Schultern so weit wie möglich nach oben ziehen.
- *Nacken:* Das Kinn gegen das Brustbein drücken.
- *Stirn:* Die Augenbrauen nach oben ziehen oder die Stirn runzeln.
- *Augen:* Die Augen fest zudrücken (aber nicht so stark, dass es schmerzt).
- *Mund:* Die Lippen zusammenpressen.
- *Brustkorb:* Tief einatmen bis sich der Brustkorb wölbt.
- *Bauch:* Den Bauch einziehen und die Bauchmuskeln fest anspannen.
- *Beinmuskeln:* Zuerst das eine, dann das andere Bein ausstrecken, Zehenspitzen zu sich hin strecken oder Wadenmuskeln und Oberschenkelmuskeln anspannen.

i ▶ Meditative Selbsterfahrung

Allen Meditationsarten ist die Einübung in die Stille gemeinsam. Dies wird durch Haltung, Atmung und Spannung/Entspannung erreicht.

i ▶ Autogenes Training

Diese Technik sollte bei der Übung mit Schülern auf Schwere- und Wärmeübungen beschränkt bleiben und muss bei jüngeren Kindern stets mit Vorstellungsbildern (siehe auch Phantasiereisen) verbunden werden, weil sie in dieser Altersstufe nur so in den Entspannungsprozess hineinfinden.

Die Entwicklung des autogenen Trainings ging von der Beobachtung aus, dass ein entspannter Körper warm wird, weil er gut durchblutet ist und sich schwer anfühlt, weil der Muskeltonus nachlässt. Atem- und Herzübungen dienen der eigenen Beobachtung (Atmung ruhig, Herz ruhig). Die Sonnengeflechtsübung dient der Entspannung der nicht zu steuernden Bauchorgane (Magen, Darm). Die Stirnkühleübung grenzt die durch das Training hervorgerufene Entspannung auf den Körper ein, der Kopf bleibt frei. Ziel des autogenen Trainings ist es, den jeweils beschriebenen Zustand durch Autosuggestion hervorzurufen:
- *Ruhe:* „Ich bin ganz ruhig.“ (Bild: schlafende Katze)
- *Schwere:* „Ich bin ganz ruhig. — Mein rechter Arm ist ganz schwer ... und schlaff ... und abgelegt.“ (Bild: lange Wanderung)
- *Wärme:* „Ich bin ganz ruhig. — Mein ganzer Körper ist schwer. — Mein rechter Arm ist warm — ...“ (Bild: in der Sonne im warmen Sand am Strand liegen)

Wichtig ist, nach der Entspannung und Suggestion langsam wieder ins „Hier“ und „Jetzt“ zurückzukehren, z.B. mit langsamem Beugen und Strecken, Räkeln, Augen aufschlagen.

Literatur

Bernstein, P. A. & Borkra: Entspannungstraining. Handbuch Muskelentspannung. Piper, München 1990

Keller, G.: Lernen, Denken, Entspannen; Auer, Donauwörth 1996

Petermann, U.: Entspannungstechniken für Kinder und Jugendliche; Psycholog. Verlagsunion, Beltz, Weinheim 1999

Vaitl, D.; F. Petermann: Handbuch der Entspannungsverfahren. Psycholog. Verlagsunion, Weinheim 1993/94

Walter, D. C.: Autogenes Training für Kinder — Phantasiereisen zum Entspannen; dtv, München 1998

14 Kreativität

Kreativität wird definiert als die Fähigkeit, Neues zu erfinden, Bekanntes in einen neuen Zusammenhang zu stellen oder von hergebrachten Denk- und Verhaltensschemata abzuweichen. In der Psychologie werden der Kreativität zugeordnet: *Originalität* (Dinge oder Beziehungen neu erkennen), *Flexibilität* (ungewöhnlicher aber sinnvoller Gebrauch von Gegenständen), *Sensitivität* (Probleme bzw. bisher missachtete Zusammenhänge erkennen), *Flüssigkeit* (Abweichen von gewohnten Denkschemata) und *Nonkonformismus* (auch gegen gesellschaftlichen Widerstand sinnvolle Ideen entwickeln). Über die Entstehung von Kreativität und den Zusammenhang mit anderen geistigen Leistungen ist bisher wenig bekannt. Es gibt jedoch zahlreiche Untersuchungen zur „kreativen Persönlichkeit" und Versuche zur Entwicklung von Kreativitätstests. Sicher hat Kreativität als Erfindungsgabe auch eine wichtige biologische Funktion als Möglichkeit zur Selbsterhaltung. (ENCARTA 1999)

„Kreativität ist das schöpferische Vermögen (von latein. *crea*, erschaffen). Im Unterschied zum rein analytischen Denken ist Kreativität besonders durch das Finden neuer Aspekte und Ansätze zu Problemlösungen gekennzeichnet und von zahlreichen kognitiven und psychischen Faktoren bestimmt."
(Brockhaus, multimedial 2000)

„In der Psychologie wird unter Kreativität ein produktives, schöpferisches oder divergentes Denken verstanden. ... Damit werden stets Begriffe wie Spontaneität, Einfallsreichtum, Phantasie und künstlerische Begabung assoziiert." (bdw-special kreativität, 1998)

„Kreativität ist die Fähigkeit, Neues zu entdecken, die Welt neu zu gestalten. ... Mit kreativen Arbeitsformen kann der Schwache erfahren, dass mehr in ihm steckt als er weiß, und der Starke, dass er mehr kann als Schule normalerweise von ihm verlangt."
(Pädagogik, Heft 4/95, S. 5)

i ▶ Was ist Kreativität?

Was ist Kreativität und kann man Kreativität trainieren? Es können zunächst weitere Beschreibungen der Kreativität gesammelt werden. Zusammen mit den vorgelegten Definitionen kann sich schnell eine Diskussion darüber ergeben, ob und in welchen Fächern Kreativitätstraining möglich ist.

i ▶ Kreative Spielereien (Seite 44)

Knobelei: Ein diagonaler Schnitt von links oben nach rechts unten entlang der Kästchengrenze, beginnend nach dem 2. Kästchen von links; die beiden Stücke dann zu einem 6 x 6-Quadrat zusammenschieben.

Fehlersuche: Rauch weht in die entgegengesetzte Richtung.

Denkgrenzen: (1) 9-5-1, 1-4-7 verlängern, 8-6 verlängern, 2-3; (2) 1-2-3, 4-5-6, 7-8-9, es fehlt die Bedingung: ohne abzusetzen; (3) Kurve durch alle Punkte, es fehlt die Bedingung: gerader Strich.

i ▶ Kreativitätstest

Kreativitätstests prüfen nicht nur wie im konventionellen Intelligenztest die sogenannten konvergenten Denkleistungen (nur *eine* jeweils richtige Lösung ist zu finden), sondern vornehmlich divergente Denkleistungen (möglichst viele Einfälle und Lösungsvarianten sollen produziert werden).

Beispiele:
Zeichne auf ein weißes Blatt Papier möglichst viele und verschiedene Dinge, in denen ein Kreis enthalten ist (Größe, Anzahl, Lage der Kreise sowie die zeichnerische Qualität spielen keine Rolle).
Schreibe möglichst viele Hauptwörter so auf ein weißes Blatt Papier, dass ihre Bedeutung aus der Wortgestalt sichtbar wird (z. B. Welle als Wellenlinie).
Suche nach möglichst vielen Vornamen, die auf „e" enden.
Was kann man alles mit einer Tageszeitung machen?
Hinweise in JÄGER, R. S. & F. PETERMANN (1992)

i ► Mathematik im Gelände

Eine Gestaltung des Außengeländes rund um die Schule, das Anlegen eines speziellen Biotops oder die Gestaltung kommunaler Freiflächen, bieten Möglichkeiten, Kreativität zu trainieren. Dass dabei nicht nur Biologen gefragt sind, zeigen moderne mathematische Aufgabenstellungen (Bezug: Mued e.V., Bahnhofstr. 72, 48301 Appelhülsen)

i ► So kreativ wie Escher sein

M. C. Escher wurde bekannt durch ungewöhnliche Parkettierungen, deren Grundmuster mit einfachen Mitteln nachvollzogen werden kann. Dabei werden nicht nur die verschiedenen Arten von Kongruenzabbildungen der Mathematik verwendet und auf eine andere Art erarbeitet. Eigene kreative Leistung, der Aha-Effekt und künstlerische Elemente, werden verbunden.

Weitere ähnliche Anregungen ergeben sich aus Fünfecken, die zwei rechte Winkel und drei 120°-Winkel besitzen: Mit diesen Elementen und einem Sechseck können symmetrische Muster erzeugt und durch Einfärbungen fugenübergreifende Strukturen deutlich gemacht werden. (s. Stewart, 2000)

Literatur

Brenner, G.: Kreatives Schreiben; Cornelsen Scriptor, Frankfurt 1994

Gardner, H.: So genial sie Einstein — Schlüssel zum kreativen Denken; Klett-Cotta, Stuttgart 1996

Hermann, N.: Das Ganzhirn-Konzept für Führungskräfte — Welcher Quadrant domiert Sie und Ihre Organisation? Ueberreuter, Wien 1997

Jäger, R. S. & F. Petermann: Psychologische Diagnostik; Psychol. Verlagsunion, Weinheim 1992

Popitz, H.: Wege der Kreativität; Mohr-Siebeck, Tübingen 1997

Preiser, S. & N. Buchholz: Kreativitäts-Training — Das 7-Stufen-Programm für Alltag, Studium und Beruf; Augustus, Augsburg 1997

Stenner, G. A.: Kreativitätsförderung als Auftrag der Schule; Naturwiss. im Unterricht, Chemie 8/1997, S. 10/11

Stewart, I.: Fünfeckige Kacheln; Spektrum der Wissenschaften 1/2000, S. 106—108

Urban, D.: Chancen für Querdenker — Mit emotionaler Intelligenz (EQ) zur alternativen Problemlösung; Orell Füssli, Zürich 1996

Voigtmann, M.: Genies wie du und ich — Kreativ sein hat System, Sauer-Verlag, Heidelberg 1997

Werder, L. v.: Lehrbuch des kreativen Schreibens; Schibri-Verlag, Berlin 1996

Kreative Spielereien

Knobelei
Folgendes Reckteck, in dem bereits zwei Lücken (dunkle Felder) sind, soll zu einem lückenlosen Quadrat umgewandelt werden. Dabei soll das Rechteck in möglichst wenig Stücke zerlegt werden.

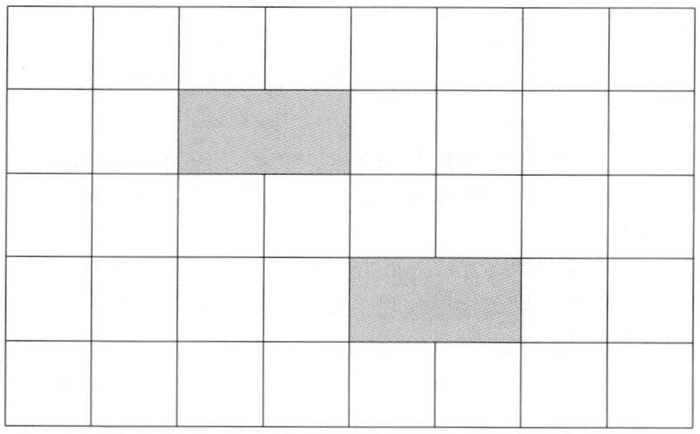

Fehlersuche

Denkgrenzen
Verbinde alle Punkte ...
1. ... mit vier geraden Strichen ohne Absetzen.
2. ... mit drei geraden Strichen.
3. ... mit einem Strich.

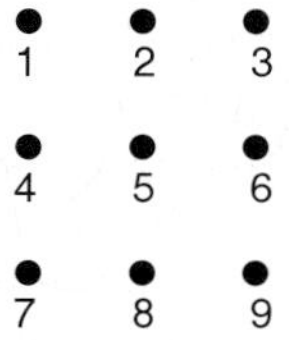

15 Kommunikation im Team

Das „soziale Lernen“ hat Auswirkungen auf das Verhalten jedes Einzelnen in einer Gemeinschaft, aber auch auf die Form, in der jeder in einer Gruppe mitarbeitet und zum Ergebnis der Teamarbeit beiträgt. Ein Team wird charakterisiert durch einen besonderen Zusammenhalt, eine gemeinsame Arbeitsanstrengung, ein gleichberechtigtes Nebeneinander seiner Mitglieder und die Tatsache, dass durch das Mitwirken jedes Einzelnen mehr geleistet werden kann, als der Einzelne alleine leisten könnte. In der Schule beeinträchtigen oft Gruppenstrukturen, Rangkämpfe, aggressives und unsoziales Verhalten das Lernen im Team.

i ► Spielregeln für die Teamarbeit

Welche Verhaltensweisen unterstützen den Teamerfolg? Mit der Moderationsmethode erarbeiten sich die Projektteilnehmer Spielregeln:
- Verhalte dich gegenüber anderen so, wie du willst, dass sie sich dir gegenüber verhalten.
- Grenze dich nicht dauernd aus, dränge dich aber auch nicht vor.
- Steh zu deiner Meinung, aber sei trotzdem kompromissbereit.
- Um Freunde muss man sich bemühen, sie fallen nicht vom Himmel.
- Hilf Schwächeren und hacke nicht auf ihnen herum.
- Bitte jemanden aus der Gruppe ruhig mal „um Hilfe; biete aber auch deine Hilfe an.
- „Dumme“ Fragen gibt es nicht, höchstens Dumme, die über die Fragen anderer erstaunt sind.
- In einem guten Team arbeitet nicht nur einer, sondern jeder an der Lösung des Problems.
- Du darfst einem anderen in der Sache ruhig widersprechen, sollst ihn dabei aber nicht persönlich angreifen.

i ► Rollenspiele

Zu vielen fachspezfischen Themen bietet sich die Möglichkeit, kleine Rollenspiele zu machen (z.B. Dialog Eltern — Kind über die Probleme der Hundehaltung). Dies erfordert nicht nur fachspezifische Kenntnisse, sondern auch gegenseitige Absprachen.

i ► Kommunikationsspiele

1) *Bleistiftspiel:* Die Klasse wird in drei Gruppen aufgeteilt: Eine Gruppe erhält den Bleistift (abgebrochen, nicht schreibfähig), eine Gruppe erhält den Spitzer und die dritte die Zettel (Anzahl sollte nicht durch drei teilbar sein).
Anweisung: Es gewinnt die Gruppe, die die meisten mit einem Kreuz versehenen Zettel hat (die Kreuze dürfen nur mit dem zur Verfügung gestellten Bleistift gemacht werden).
Alternative 1: Die Anweisung wird etwas suggestiver gestellt: „Es müssen möglichst viele Zettel mit einem Kreuz versehen werden.“
Alternative 2: Die Großgruppe wird in mehrere Kleingruppen (Personenzahl teilbar durch 3) aufgeteilt, sodass anschließend die Strategien verglichen werden können.
2) *Überlebensübung*: siehe Seite 46

In allen Fällen funktioniert das Spiel nur über die Einsicht, dass Vertrauen zur Teamarbeit gehört und es funktioniert nicht, wenn einer oder mehrere Mitspieler versuchen, den Rest der Gruppe zu betrügen.

i ► Kommunikationstraining

In Schreibgesprächen werden Wege diskutiert, wie in der Schule die Kommunikationsfähigkeit trainiert werden kann.
- freie Rede üben;
- Stichwortmethode beherrschen;
- Fragetechniken anwenden; aktiv zuhören;
- in Diskussionen und Debatten mitreden wollen, aber nicht die anderen totreden;
- eine Gesprächsleitung übernehmen wollen;
- beim Brainstorming auch etwas beitragen;
- Feed-back-Methode akzeptieren (nicht als persönliche Kritik betrachten);
- sich in Rollen- oder Planspiele einbringen;
- Blitzlicht-Methode akzeptieren (möglichst spontane und präzise Äußerung ohne die Furcht vor Kritik oder Widerspruch);
- Konflikte lösen können (z. B. als Streitschlichter auftreten).

Literatur

KLIPPERT, H.: Kommunikations-Training; Beltz-Verlag, Weinheim 1998

Überlebensübung

Du gehörst zu einer Gruppe Schiffbrüchiger, die möglichst schnell in die Rettungsboote muss. Eine unbewohnte Insel könnte mit den Schlauchbooten erreicht werden. Du darfst aber nur das Allernotwendigste mitnehmen. Die Schiffsleitung hat Notproviant und begrenzte Trinkwasservorräte, Schwimmwesten, Erste-Hilfe-Koffer und Signalraketen bereits auf die Schlauchboote verteilt. Durch den Brand an Bord wurde vieles zerstört. Du findest die im Folgenden aufgelisteten 15 unzerstört gebliebenen Dinge. Einige davon kannst du mitnehmen. Deine Aufgabe besteht jetzt darin, sie in eine Rangordnung zu bringen: Ordne die Zahl 1 dem wichtigsten, die Zahl 2 dem nächstwichtigen Gegenstand zu, bis alle Dinge eingereiht sind. Notiere auch den Grund , warum du den Gegenstand für wichtig oder weniger wichtig hältst.

eine Flasche Sonnencreme			
eine Packung Müsli-Riegel			
ein Würfelspiel			
ein Stapel CD's und ein Discman			
ein Abenteuerroman			
eine Tasche mit T-Shirts und Unterwäsche			
ein Paar Gummistiefel			
ein Feuerzeug			
20 m feste Nylonschnur			
ein Kompass			
ein winziges Radiogerät			
ein Handy			
eine Packung Batterien			
eine Flasche Limonade			
Schreibzeug und Papier			

Deine Gruppe (4 Personen) muss jetzt einstimmig beschließen, was mitgenommen wird. Das bedeutet, dass der Rangplatz für jeden einzelnen Gegenstand einstimmig festgelegt werden muss. Solche Einstimmigkeit ist schwer zu erzielen. Beachte in der Diskussion:

1. Vermeide, deine Meinung anderen Gruppenmitgliedern aufzuzwingen.
2. Vermeide, dann nachzugeben, wenn du nur Konflikten ausweichen willst oder keine Lust zum Diskutieren hast.
3. Unterstütze andere Ansichten, wenn sie mit deinen teilweise übereinstimmen.
4. Vermeide Lösungsmethoden wie Mehrheitswahl, Mittelwertberechnung oder „Kuhhandel" nach dem Motto „Wenn du mir ..., dann ich dir ...".
5. Beachte auch eine abweichende Meinung als nützlichen Beitrag zur Lösung und nicht als störend.
6. Freut euch, wenn ihr eine Lösung findet, mit der alle Gruppenmitglieder wenigstens einigermaßen einverstanden sind.

Projekttag Konfliktbewältigung

1. Vorbereitung
Text zum gruppenbezogenen Beispiel vorbereiten; Rollenkärtchen schreiben und vervielfältigen; Ball, Edding/Fasermaler, Schere, Tesakrepp, farbige DIN A5-Bögen, farbige Kreide, Papierbahnen mitbringen; Stühle im Kreis stellen; Papierbahnen an der Wand anbringen; Gruppenaufteilung auslosen.

2. Begrüßen — Kennenlernen — Anwärmen
— Was stelle ich mir unter dem heutigen Tag vor?
Jeder Schüler sollte dazu kurz Stellung nehmen.

3. Problemorientierung
— Was ist ein Konflikt? (In der 5. Klasse vielleicht durch Hilfsfragen ergänzen: „Was stellt für dich ein Problem dar?", „Was ärgert dich?" oder „Worüber streitet man?")
Jeder Schüler schreibt auf das farbige Papier ohne Namensnennung ein Statement (max. 3 Zettel ausfüllen lassen). Dabei beachten: Am unteren Rand sollte etwas Platz bleiben! Zettel mit Tesakrepp zunächst an die Tafel hängen; aus den Statements ergeben sich verschiedene Konflikttypen, die benannt und Großgruppen zugeordnet werden. Die Beiträge werden entsprechend diesen Kategorien auf den Papierbahnen gruppiert. Dabei um die Zettel auch jeweils so viel Platz lassen, dass ein zweiter Zettel später dazu gehängt werden kann (s. Punkt 4).
— Bewertung: Wie wichtig schätze ich jeden der genannten Konflikte ein?
Jeder Schüler kann insgesamt 10 Punkte vergeben und sollte die beschriebenen Konflikte entsprechend werten (normalerweise Klebepunkte, im Schulverfahren auch Kreuze mit dem Filzstift). Die Rangfolge ergibt den oder die Themen, die in der 4. Phase wieder aufgegriffen werden.

4. Arbeitsphase
— Konfliktanalyse (Spinnwebverfahren) an einem gruppenbezogenen Beispiel (z. B. Ärger auf der Klassenfahrt; Text dazu ist vorbereitet, Rollenkärtchen ebenfalls)
— Motivation: An einem distanziert zu betrachtenden Beispiel wird das Vorgehen zur Konfliktbewältigung trainiert.
— *Fall austeilen — Lesephase*
— *Tafelbild beginnen (innerer Kreis)*
— *Rollenverteilung durch Auszählen — Kleingruppenarbeit zur übernommenen Rolle nach den Kriterien:*
Ich denke ..., ich meine ..., ich fühle ..., ich will ... (ca. 20 min);
— *dabei beachten: Die Kriterien sollten für alle deutlich sichtbar als Kärtchen oder farbig an der Tafel stehen — pro Rolle ein Sprecher, der die Motivation für die festgestellten Verhaltensweisen beschreibt.*
— *Tafelbild (zweiter Kreis: Gründe für das Verhalten) ergänzen (10 min).*
— *In Kleingruppen mögliche Konfliktsituationen für den konstruierten Fall erarbeiten lassen (max. 20 min). Dazu folgende Vorgaben für die übernommene Rolle:*
Was will ich erreichen?
Was will ich auf keinen Fall?
Wo bin ich kompromissbereit?
Auch hier sollten die Kriterien deutlich sichtbar an der Tafel oder auf farbigen Kärtchen zu sehen sein! Bei der Suche nach Lösungen sollte beachtet werden, dass keiner als Sieger/Unterlegener aus der Situation herausgeht, sondern jeder das Gefühl hat, gewonnen zu haben oder zumindest nicht verloren zu haben.
— *Gruppensprecher trägt die Ergebnisse vor, dabei Einordnen in die Tabelle.*

5. Lösungsvorschläge übertragen
Übertragung auf eingangs genannte Konflikte: Der in Punkt 3 am stärksten bewertete Konflikt wird nach dem System in einer offenen Diskussionsrunde durchleuchtet.
— *Dabei beachten: Was ist der Konflikt? Wer ist beteiligt? Was machen die einzelnen Personen? Warum verhalten sie sich so?*
— *Für den diskutierten und vielleicht auch für die anderen Konflikte nach Lösungsstrategien suchen lassen: Die Schüler schreiben mögliche Lösungsideen einzeln auf (farbiges Papier in der zweiten Farbe) und hängen ihre Ideen zu den Zetteln der ersten Runde (s. Punkt 3).*

6. Abschlussrunde
Wie wird das Ergebnis inhaltlich eingeschätzt?
Was habe ich gelernt?
Was würde ich verbessern?
Möchte ich das Verfahren auch für andere Themen wiederholen?

Register